MIX
Papier aus verantwortungsvollen Quellen
Paper from responsible sources
FSC® C105338

Anja Marina Pelzer

Geschlechterkonstruktion: Mädchen und Jungen in der Fernsehwerbung

Diplomica® Verlag GmbH

Pelzer, Anja Marina: Geschlechterkonstruktion: Mädchen und Jungen in der Fernsehwerbung, Hamburg, Diplomica Verlag GmbH 2009

ISBN: 978-3-8366-8149-0
Druck: Diplomica® Verlag GmbH, Hamburg, 2009
Covermotiv: Thomas Kerzner/ Quelle Photocase

Bibliografische Information der Deutschen Bibliothek
Die Deutsche Bibliothek verzeichnet diese Publikation in der Deutschen Nationalbibliografie;
detaillierte bibliografische Daten sind im Internet über
<http://dnb.ddb.de> abrufbar.

Die digitale Ausgabe (eBook-Ausgabe) dieses Titels trägt die ISBN 978-3-8366-3149-5 und kann über den Handel oder den Verlag bezogen werden.

Vorbemerkung

Anstoß zu dieser Studie gab die Projektarbeit für ein Symposion zum Thema Geschlechterkonstruktionen, das im Juli 2008 im Rahmen der interdisziplinären Tagungsreihe „Autoren im Kontext“ an der Universität Duisburg-Essen unter der Leitung von Dr. Corinna Schlicht stattfand. Mein Beitrag, der Grundstein für diese Arbeit, beschäftigt sich mit Männer- und Frauenbildern in der Werbung.

Die Entscheidung sich vor dem Hintergrund von Geschlechterkonstruktionen auch den Jungen- und Mädchenbildern zu widmen, schien aus zweierlei Aspekten interessant. Zum einen ergab die Recherchearbeit, dass Kinder und Jugendliche in diesem Zusammenhang von der Forschung bisher überwiegend ausgespart oder nur am Rande berücksichtigt werden. Gleichzeitig erwecken jedoch aktuelle Werbespots den Eindruck, dass die Werbung auch für die junge Zielgruppe klare Rollenverteilungen und Stereotype bereithält.

Inhaltsverzeichnis

Darstellungsverzeichnis

1 Einleitung

Die geschlechtliche Gleichberechtigung per Gesetz feiert im Jahr 2008 ihr 50-jähriges Bestehen. In der Tat hat sich in den letzten Jahrzehnten hinsichtlich der Rollenverteilung zwischen Mann und Frau vieles verändert. Frauen sind wahlberechtigt, erobern Führungsetagen, werden Bundeskanzlerin. Dies alles wäre vor geraumer Zeit noch nicht denkbar gewesen. Doch schaut man genauer hin, bestimmen auch heute noch Geschlechtervorurteile die unterschiedlichsten Bereiche der Gesellschaft. So auch in den Medien, genauer in der Werbung.

Immer wieder ist die Werbung diversen Vorwürfen ausgesetzt. In Bezug auf Geschlechterkonstruktionen handelt es sich vor allem um folgende Anklagepunkte: Werbung ist diskriminierend und sexistisch, besonders dem weiblichen Geschlecht gegenüber. Sie repräsentiert nicht das zeitgeistliche Selbstverständnis von Frau und Mann. Im Gegenteil, sie hält an veralteten Geschlechterklischees fest und verlangsamt so die Anstrengungen von Gleichberechtigung und Emanzipation. Durch ihre Omnipräsenz beeinflusst die Werbewelt das wirkliche Geschlechterverhältnis negativ. Ebenso verursacht die Konstruktion von menschlichen Idealbildern in der Reklame ein unnatürliches Verständnis darüber, wie Frau und Mann auszusehen, sich anzuziehen und überhaupt zu sein haben.[1]

Doch nicht nur Erwachsene sind von den medialen Persönlichkeits- und Rollenzuschreibungen betroffen. Besonders bei Werbung, die an Kinder[2] adressiert ist, wird dies deutlich. Sowohl bezogen auf die beworbenen Produkte als auch auf die Protagonisten und die Gestaltung der Spots scheinen klare geschlechtsspezifische Regeln zu herrschen. Schon im Kindesalter nehmen – folgt man den Werbebildern – Mädchen und Jungen also eine ganz bestimmte, dem Geschlecht entsprechende Rolle ein. Dies hat sicherlich eine Vorbildfunktion. Denn schon Kinder im Alter von drei bis vier Jahren bemerken, dass sie entweder dem einen oder anderen Ge-

---

1 Siehe hierzu u. a. Schmerl 1987, S. 16-17; Schmerl 1992, u. a. S. 146-148, S. 198-199; Bergler/Pörzgen 1992, u. a. S. 29, 36-37.

2 Mit Kindern sind in der vorliegenden Arbeit Jungen und Mädchen zwischen 3 und 13 Jahren gemeint.

schlecht angehören[3]. Von diesem Zeitpunkt an sind sie auf der Suche nach Orientierung. Dazu bedienen sie sich ihrer Vorbilder, Eltern, Gleichaltrigen sowie den Medien. Und so eben auch der Werbung, die ohnehin darauf ausgerichtet ist, (nicht nur) Kindern eine Idealwelt zu präsentieren, in der alles in bester Ordnung ist und alles Spaß macht. Zumindest solange man das beworbene Produkt hat.

Moderne Sozialisationstheorien legen nahe, dass der mediale Einflussfaktor in der heutigen Gesellschaft nicht einfach auszuklammern ist. Schaut man sich vor diesem Hintergrund die Mediennutzung von Kindern etwas genauer an, wird schnell deutlich, wie wichtig Heranwachsenden das Fernsehen ist. Hinzu kommt, dass Kinder erst im Schulalter anfangen Werbung von eigentlichen TV-Programm zu unterscheiden, dass sie folglich oftmals gar nicht wissen, welche Absichten mit Werbung verbunden sind. Die Gefahr liegt also darin, dass Kinder die präsentierten Lebensentwürfe unreflektiert übernehmen, sich abschauen, wie sie als Junge und Mädchen zu sein haben, wie sie sich kleiden, geben, womit und mit wem sie spielen oder was sie mögen.

Werbung kann als Träger von Geschlechterklischees natürlich nicht die alleinige Verantwortung gegeben werden. Hier spielen noch viele weitere Faktoren (z. B. Elternhaus und Freundeskreis oder die sonstigen Fernsehinhalte) eine wichtige Rolle. Ebenso wenig darf der Einfluss der Werbebilder aber unterschätzt werden.

Spätestens seit Aristoteles und seinen Annahmen zur Geschlechterdifferenz[4] ist man von rein biologischen Faktoren ausgegangen, die verantwortlich für die Unterschiede zwischen Mann und Frau seien und somit ein natürliches Ungleichgewicht schafften. „Und da es sich empfiehlt, das Höhere von dem Geringeren zu trennen, deswegen ist überall, wo und wie weit es möglich ist, vom Weiblichen das Männliche getrennt“[5], schlussfolgert Aristoteles in seiner Zeugungstheorie.

Weil das Gehirn von Männern und Frauen eine andere Beschaffenheit habe und ihr genetischer Code ein anderer sei, würden sich Männer und Frauen voneinander unterscheiden. So lautet die Argumentation einiger wissen-

---

3 Keuneke 2000, S. 91.
4 Siehe ausführlich Pelzer 2004a, S. 31-40.
5 Aristoteles 1954, S. 72.

schaftlicher und populärer Publikationen zum Thema heute.[6] Erfolgreiche Bücher wie **Warum Männer nicht zuhören und Frauen schlecht einparken: Ganz natürliche Erklärungen für eigentlich unerklärliche Schwächen**[7] beziehen sich auf aktuelle Überlegungen aus Genbiologie und Hirnforschung.

Weniger biologistische Theorien fußen auf der Einsicht, dass viele verschiedene Faktoren auf die geschlechtliche Entwicklung einwirken. Dies sind Faktoren „individueller und gesellschaftlicher, politischer und sozialer, historischer und kultureller"[8] Natur. Die Herausgeberinnen des Jahrbuchs für Frauen- und Geschlechterforschung in der Erziehungswissenschaft weisen darauf hin, dass der Zusammenhang von kindlicher Entwicklung und Geschlecht nur über eine Analyse dieses komplexen Zusammenspiels möglich ist.[9]

In der vorliegenden Studie geht es um die Bilder, die die Werbung, genauer die Fernsehwerbung, von Kindern in ihren Geschlechterrollen zeichnet. Aufzuzeigen, wie diese *Vor*bilder aussehen und wie sie vermittelt werden, ist das Ziel der Untersuchung.

Dabei stehen die folgenden Leitfragen im Fokus:

> Welche Geschlechterrollen schreibt die (Fernseh-)Werbung Kindern zu?
> Welches Jungen- und Mädchenbild vermittelt die Werbung?
> Welche (Geschlechter-) Stereotype bedient, verstärkt oder kreiert das Werbefernsehen?

Geht es um die Konstruktion von Jungen- und Mädchenbildern in und durch Werbung, sind vier Forschungsfelder von Interesse: der Konstruktivismus, die Geschlechter- und Kindheitsforschung sowie die Werbung selbst. Zunächst trage ich daher die grundlegenden Ansätze aus den jeweiligen Wissenschaften zum Thema zusammen und skizziere den aktuellen Forschungsstand.

Anschließend rückt der Gegenstand der analytischen Betrachtungen in den Blickpunkt: die Werbung. Hier geht es um die Frage nach der Wirklichkeits-

---

6 Vgl. Rivers/Barnett 2008, S. 27.
7 Pease 2000.
8 Prengel/Rendtorff 2008, S. 11.
9 Prengel/Rendtorff 2008, S. 11-12.

und speziell Geschlechterkonstruktion in und durch Werbung. In Bezug auf Kinderbilder liegen bereits erste Erkenntnisse vor, die ich aufführe. Weiterhin findet eine Annäherung an den Untersuchungsgegenstand Fernsehspot im Allgemeinen und im Besonderen in Bezug auf Kinder statt. Abschließend stelle ich die aus dem theoretischen Teil gewonnenen Erkenntnisse in einem Zwischenfazit zusammen.

Im Kernteil der Studie werden die Forschungsfragen präzisiert und die methodische Vorgehensweise der Untersuchung erläutert. Nach Präsentation der mit Experteneinschätzungen kommentierten Ergebnisse, schließt das Buch mit den Perspektiven für weitere Forschungsansätze.

2 Theoretische Grundlagen

2.1 Konstruktivismus

Der Terminus Konstruktion prägt diese Arbeit gleich in zweierlei Hinsicht. Zum einen – am offensichtlichsten im Sinne des Buchtitels – erscheint er im Zusammenhang der Geschlechterkonstruktionen. Zum anderen, das macht der Titelzusatz klar, geht es um Konstruktionen durch Medien, speziell Werbung. (Zum Thema Wirklichkeitskonstruktion durch Werbung siehe Kapitel 2.4.2). Bevor auf diese beiden miteinander eng verknüpften Perspektiven näher eingegangen wird, verlangt ein so grundlegender Begriff nach Erläuterung.

Der Ursprung des Wortes Konstruktion liegt im Lateinischen. Es besteht zum einen aus der Vokabel *con*, stehend für zusammen, und zum Zweiten aus *struere*, zu übersetzen mit bauen. Im Sinne von *Zusammenbauen* meint Konstruktion also Aufbauen oder Herstellen. Siegfried J. Schmidt weist auf das mögliche Missverständnis hin, dass Wirklichkeitskonstruktion als planvoller, unwillkürlicher Herstellungsprozess verstanden wird. Konstruktivisten benutzen den Begriff vielmehr „um Prozesse zu bezeichnen, in deren Verlauf Wirklichkeitsentwürfe sich herausbilden“.[10]

Es haben sich verschiedene konstruktivistische Theorien herausgebildet, von denen nur eine Auswahl für die Zwecke dieser Untersuchung von Interesse ist. Der radikale Konstruktivismus postuliert, dass keine objektive Wahrheit existiert. Vielmehr gehen seine Vertreter davon aus, dass jede Wahrnehmung ein individuelles Erzeugnis aus Sinneseindrücken und der kognitiven Leistung darstellt, demnach kein Abbild von absoluter Realität sein kann.[11]

Arbeiten, die sich Medien in einem konstruktivistischen Zusammenhang nähern, orientieren sich oftmals am radikalen Konstruktivismus.[12] So ist auch folgende Einschätzung einzuordnen: „Was wir über unsere Gesellschaft, ja über die

---

[10] Schmidt 1994a, S. 5.

[11] Vertreter des radikalen Konstruktivismus sind u. a. von Foerster, von Glasersfeld, Maturana und Varela zu nennen. Eine Einführung in konstruktivistisches Denken liefern Gumin/Meier 2008.

[12] Reich 2005, S. V. Siehe auch: Hickethier/Schneider 1992. Weiterführend siehe auch: Schmidt 1994b, S. 592-623.

Welt, in der wir leben, wissen, wissen wir durch die Massenmedien. [...] Andererseits wissen wir so viel über die Massenmedien, daß wir diesen Quellen nicht trauen können."[13] Mit diesen Worten beginnt Niklas Luhmann **Die Realität der Massenmedien**. Mit Realität meint er entgegen der wörtlichen Bedeutung eine Konstruktion (oder eine zweite Wirklichkeit), die durch die Medieninstitutionen erschaffen wird.[14]

Eine alternative Herangehensweise zum radikal-konstruktivistischen Ansatz liefern Verfechter des interaktionistischen Konstruktivismus, der als kulturell und sozial orientierter Ansatz gilt. Verfechter dieser Position grenzen sich von der naturalistischen und biologisch fundierten Sichtweise des radikalen Konstruktivismus ab und beziehen eine weniger subjektive, als vielmehr eine kulturbezogene Position.[15] In diesem Sinne betont Kersten Reich, dass es nicht ausreiche, die menschliche Erkenntnis, den Wissensbesitz und die Medien als konstruiert zu verstehen und es dabei zu belassen. Vielmehr zu erkennen sei, dass „alle Versionen von Wirklichkeit [...] immer auch kulturell erzeugt [sind]".[16]

Mitte der 1970er Jahre erschienen die ersten Werke zur Wirklichkeitskonstruktion durch Massenmedien. Hier ist vor allem das Werk von Winfried Schulz zu nennen, das noch heute die Argumentationsweise der konstruktivistischen Position in der Kommunikationswissenschaft prägt.[17] Er postuliert die Abschiednahme von einer realistischen Sichtweise, die Nachrichten in den Massenmedien seien Spiegel oder Abbild von Realität.[18] Schulz stützt sich in seinen Ausführungen unter anderem auf das bereits 1922 veröffentlichte Werk von Walter Lippmann, der den subjektiven und interpretativen Gehalt von Augenzeugenberichten herausstellt.[19]

---

13 Luhmann 1995, S. 5. Der Medienkritiker Luhmann versteht unter dem Begriff der Massenmedien alle Einrichtungen der Gesellschaft, die sich zur Verbreitung von Kommunikation technischer Mittel der Vervielfältigung bedienen und durch Zwischenschaltung von Technik Interaktion unterbinden. Hierzu S. 6. Zum Thema Wirklichkeitskonstruktion und Massenmedien siehe auch: Schmidt 1994a, S. 14-19; Schmidt 1995a.

14 Kleiner 2006, S. 213.

15 Reich 2005, S. 16ff.

16 Reich 2005, S. V.

17 Hickethier/Schneider 1992, S. 49.

18 Schulz 1976, S. 28.

19 Vgl. Lippmann 1964 (englische Originalausgabe von 1922).

„Der Mensch ist Produkt und Produzent von Gesellschaft und Medien"[20], so formuliert es Marcus S. Kleiner in seiner Arbeit zur medialen Konstruktion von sozialer Wirklichkeit. Er unterstreicht den fundamentalen Einfluss der Medien auf das soziale Leben. Häufig gelte nur noch das als wirklich, was medial produziert und reproduziert wird.[21]

Bevor im nächsten Kapitel auf die Theorie der Geschlechterkonstruktion eingegangen wird, ist das Konzept des Sozialkonstruktivismus anzuführen, auf das sich die Geschlechterforschung in ihren Ausführungen bezieht. Die soziale Konstruktion bezeichnet in der Soziologie das Erschaffen von Wirklichkeit durch gesellschaftliche Prozesse. Dabei wird davon ausgegangen, dass Werte und Normen in einer Gesellschaft kulturelle Erzeugnisse sind, die der Mensch selbst durch sein Handeln und Interagieren bewirkt.[22] Im Sozialkonstruktivismus wird diese Konstruiertheit theoretisch unterstellt. Es geht also weniger um die Untersuchung von Ursache und Wirkung. Die soziale Wirklichkeit wird als dynamisch und fortlaufend angesehen, die durch das menschliche Handeln ständig (re)produziert wird.

2.2 Geschlechterforschung

2.2.1 Geschlechterkonstruktion

Im Zuge der Frauenbewegungen in den 1970er Jahren setzte sich ein revolutionärer Gedanke durch: Geschlecht ist nicht ausschließlich biologisch determiniert, wie es in der langen Tradition des Patriarchats gedacht wurde.[23] Vielmehr ist Geschlecht definiert durch diverse kulturell bedingte Einflussgrößen. Vor diesem Hintergrund sind Titel wie **Wir werden nicht als Mädchen geboren – wir werden dazu gemacht**[24] oder **Wir werden nicht zweigeschlechtlich**

---

20 Kleiner 2006, S. 111.

21 Kleiner 2006, S. 23.

22 Dieser Ansatz geht auf die Arbeit von Peter L. Berger und Thomas Luckmann zurück. Ihr Werk **Die gesellschaftliche Konstruktion der Wirklichkeit** (1966) ist als Schlüsselwerk des Sozialkonstruktivismus zu bezeichnen. Ausführlicher dazu siehe auch Knoblauch 2005, S. 153-165.

23 Zur Entstehung des Patriarchats siehe auch Pelzer 2004b.

24 Scheu 1977.

geboren...[25] zu verstehen, die in den 1970er und 1980er Jahren entstanden. Von nun an lehnten sich Frauen gegen die biologisch begründete Ungleichheit und die darauf beruhende Rollenverteilung auf.

Das Sex-Gender-Konzept[26] trennt Geschlecht in eine biologische (sex) und eine soziale, bzw. kulturelle (gender) Komponente. Damit wird zum Ausdruck gebracht, dass körperliches Geschlecht zwar natürlich und genetisch bedingt ist, dass das soziale Geschlecht samt den gesellschaftlichen Rollenzuschreibungen dagegen konstruiert ist. Eine Diskussion des (ungleichen) Geschlechterverhältnisses wurde auf politischer und gesellschaftlicher Ebene so überhaupt erst möglich, weil die Entstehung der Normen und Werte in Bezug auf Geschlecht beim Menschen selber gesehen wurde.[27]

Das vorherrschende Geschlechterverhältnis der Moderne zeichnet sich nach Jürgen Budde durch verschiedene Merkmale aus. Zum einen ist es dichotom. Das heißt, es wird grundsätzlich von zwei Geschlechtern ausgegangen. Die Kategorien Mann und Frau bilden dabei ein Gegensatzpaar, wobei jede Kategorie exklusiv ist. Nichts, was dem Mann zugeordnet oder als *männlich* eingeordnet wird, kann gleichzeitig Frau oder weiblich sein (und umgekehrt). Zudem gelten beide Geschlechter erst gemeinsam als vollständig, Heterosexualität wird als normal und natürlich vorausgesetzt. Es besteht ein Machtverhältnis zwischen den Geschlechtern, in dem Frauen den Männern untergeordnet sind. Letztendlich ist das beschriebene Verhältnis omnipräsent, es durchdringt jede Ebene der Gesellschaft (von der Toilettennutzung bis zur Arbeitsteilung).[28] Die Allgegenwärtigkeit der Geschlechtertrennung fasst Gildemeister in folgende Worte: „Die soziale Wirklichkeit ist zweigeschlechtlich

---

25 Hagemann-White 1988.

26 Gayle Rubin, amerikanische Feministin, gilt als Begründerin des Sex-Gender-Konzepts. Sie unterscheidet in ihren Arbeiten erstmals das biologische Sex vom sozial konstruierten Gender. Rubin plädiert für eine genderlose Gesellschaft, in der keine biologisch begründeten Rollenzuschreibungen existieren. Ursprünglich stammt die begriffliche Unterscheidung aus der medizinisch-psychatrischen Transsexualitätsforschung, in der mit Sex und Gender das Auseinandertreten von körperlichem Geschlecht und Geschlechtsidentität bezeichnet wurde. Vgl. dazu Becker-Schmidt/Knapp 2000, S. 69.

27 Im Deutschen gibt es für die englischen Begriffe keine direkten Übersetzungen, weshalb Sex und Gender auch hierzulande geläufige Termini sind, die zur Unterscheidung zwischen dem biologischen und sozialen Geschlecht dienen.

28 Vgl. Budde 2003, S. 13.

strukturiert, die Differenz immer schon in die soziale Welt eingeschrieben und unsere Wahrnehmung darauf ausgerichtet, in jeder Situation Frauen und Männer zu unterscheiden."[29]

Das kulturelle System der Zweigeschlechtlichkeit bezeichnet nach Carol Hagemann-White den Zustand, dass die Gesellschaft nur eine, nämlich die zweigeschlechtliche Ordnung kennt, in die sie die soziale Welt einteilt. Der Autorin zufolge wird die Geschlechtszugehörigkeit in unserer Kultur als „eindeutig, naturhaft und unveränderbar" (miss-)verstanden.[30] Dabei verweist sie auf Gesellschaften, in denen es nicht oder nicht nur zwei Geschlechter gibt bzw. gab.[31] Weiterhin führt sie an, dass es bisher keine zufriedenstellende humanbiologische Definition der Geschlechterzugehörigkeit gibt: „Selbst die Humanbiologie, die ohnehin als eine spezifische Denkform unserer Gesellschaftsverhältnisse durchaus noch ideologieverdächtig ist, liefert keine eindeutige Definition des Geschlechterunterschiedes im Sinne der kulturell geforderten vollständigen Disjunktion."[32] Daraus folgert sie, dass die Zweigeschlechtlichkeit eine soziale Realität ist. Lassen vorangegangene Sex-Gender-Theorien biologische Einflussfaktoren der (körperlichen) Geschlechterdifferenz gelten, plädiert Hagemann-White für die Nullhypothese, die voraussetzt, dass sowohl Sex also auch Gender gesellschaftlich konstruiert sind, dass es also „keine notwendige, naturhaft vorgeschriebene Zweigeschlechtlichkeit gibt, sondern nur verschiedene kulturelle Konstruktionen von Geschlecht."[33]

Unmittelbar an die Ausführungen von Hagemann-White schließt das Konzept der Geschlechterkonstruktion[34] an. Diese Theorie lehnt sich, wie schon erwähnt, an den Grundgedanken des Sozialkonstruktivismus an. In der Forschungsrichtung der Geschlechterkonstruktion geht es vor allem darum, die Prozesse der Geschlechterunterscheidung zu untersuchen: „[Konzepte der Geschlechterkonstruktion] konzentrieren sich [...] auf die Rekonstruktion von Prozessen der Geschlechterunterscheidung. Die für sie zentrale Frage lautet, wie Frauen und Männer zu

29 Gildemeister 2004, S. 136.
30 Hagemann-White 1988, S. 228.
31 Die Autorin bezieht sich in diesem Zusammenhang auf die Ausführungen von Suzanne Kessler und Wendy McKenna (1978). Siehe dazu auch Wetterer 2004, S. 123.
32 Hagemann-White 1988, S. 228.
33 Hagemann-White 1988, S. 230.
34 Hinter konstruktivistischen Theorien verstecken sich eine ganze Bandbreite an unterschiedlichen Ansätzen und Ausprägungen (siehe auch Kapitel 2.1). Doing Gender ist im Rahmen der Geschlechterforschung eine davon. Konstruktivismus wird dabei nicht immer einheitlich definiert und hergeleitet. Allen Theorien gemein ist aber der Grundgedanke, dass keine natürliche Differenz der Geschlechter existiert.

verschiedenen und voneinander unterscheidbaren Gesellschaftsmitgliedern werden und zugleich das Wissen miteinander teilen, dass dies natürlich, normal und selbstverständlich ist." [35] Zum einen geht es um die Analyse der sozialen Prozesse, die zwei Geschlechter hervorbringen, zum anderen geht es um die Rekonstruktion von Zweigeschlechtlichkeit als Wissenssystem.

Grundsteine für die Theorie der Geschlechterkonstruktion lieferte Harold Garfinkel mit seiner Studie zum Geschlechtswechsel der Transsexuellen Agnes (1967). Er fand heraus, dass die Geschlechtszugehörigkeit von Personen im Alltag hergestellt wird, sie also keine natürliche Gegebenheit ist. Dies bildete den Ausgangspunkt für das Konzept des Doing Gender, welches besagt, dass Geschlecht nichts ist, was Menschen haben oder sind, sondern etwas, das sie tun. „Das Konzept des 'doing gender' wurde dagegen vor dem Hintergrund von soziologischen Analysen zur Transsexualität entwickelt und besagt im Kern, dass Geschlechtszugehörigkeit und Geschlechtsidentität als fortlaufender Herstellungsprozess aufzufassen sind, der zusammen mit faktisch jeder menschlichen Aktivität vollzogen wird und in den unterschiedliche institutionelle Ressourcen eingehen".[36]

Candace West und Don Zimmerman entwickelten die Doing-Gender-Theorie Ende der 1980er Jahre in Abgrenzung zum bisher geläufigen Sex-Gender-Konzept. Wohingegen hier eine biologische und eine soziale Komponente für die Erklärung von Geschlechterdifferenz herangezogen werden, beruft sich Doing Gender im Sinne der Geschlechterkonstruktion auf den sozialen Herstellungsprozess durch die Gesellschaft. Doing Gender wird heute deshalb oft auch als Synonym für das Konzept der sozialen Geschlechterkonstruktion verwendet.[37] „Untersuchungsgegenstand sind die alltäglichen Zuschreibungs-, Wahrnehmungs- und Darstellungsroutinen, in denen sich der sinnhafte Aufbau der Wirklichkeit von Geschlechtszugehörigkeit bzw. -identität und Geschlechterbeziehungen vollzieht."[38]

Ebenfalls zentral für die Weiterführung der Sex-Gender-Debatte sind die dekonstruktivistischen Ansätze von Judith Butler.[39] Sie radikalisiert das

[35] Wetterer 2004, S. 123.
[36] Gildemeister 2004, S. 132.
[37] Gildemeister 2004, S. 132.
[38] Becker-Schmidt/Knapp 2000, S. 75.
[39] Vgl. Butler 1991. Zur Einführung siehe auch Bublitz 2002.

Konzept der Geschlechterkonstruktion, indem sie die Zweigeschlechtlichkeit an sich zum Kritikpunkt macht und für eine neutralisierte Haltung plädiert. Für Butler ist die Unterscheidung in Sex und Gender kein geeignetes Mittel zur Auflösung von biologistisch-naturalistischen Argumentationen, im Gegenteil genau hier sieht sie die Gefahr, dass die Zweigeschlechtlichkeit in ein vordiskursives Feld geschoben und als natürlich gesehen wird.[40] Sie versteht auch das biologische Geschlecht als ein diskursives Produkt, das erst durch Sprache entsteht. Butler argumentiert in erster Linie über die Sprache: Alles ist Zuschreibung, jede Erfahrung, jede Norm wird erst durch die sprachliche Beschreibung hergestellt und gleichzeitig beinhaltet jeder Sprechakt den Vollzug einer Handlung (Performativität). Deshalb, so argumentiert Butler, ist auch der biologische Geschlechterunterschied erst durch Sprache und damit kulturell hergestellt.[41] Budde schlussfolgert in Bezug auf Butlers Ausführungen: „Die Herstellung von Geschlecht ist also nicht denkbar ohne den Diskurs über Geschlecht. In und durch Sprache wird Geschlecht entworfen, begründet und verhandelt.“ [42]

2.2.2 Geschlechterstereotype

Unter Geschlechterstereotypen versteht Thomas Eckes kognitive Strukturen, die sozial geteiltes (also konstruiertes) Wissen über die charakteristischen Merkmale von Frauen und Männern enthalten. Der Definition von Eckes zufolge gehören Geschlechterstereotype einerseits zum individuellen Wissensbesitz andererseits bilden sie den Kern eines konsensuellen, kulturell geteilten Verständnisses von den je typischen Merkmalen der Geschlechter.[43] Ferner unterscheidet der Autor deskriptive von präskriptiven Stereotypen. Damit sind einerseits Sind-Zuschreibungen gemeint, also Annahmen darüber welche Charaktereigenschaften und Verhaltensweisen Frauen und Männer vermeintlich haben. Präskriptive Stereotype dagegen bezeichnen

---

40 Becker-Schmidt/Knapp 2000, S. 84.
41 Vgl. auch Budde 2003, S. 17.
42 Budde 2003, S. 19.
43 Vgl. Eckes 2004, S. 165.

Soll-Zuschreibungen, also fest verankerte Ansichten darüber, wie Männer und Frauen sein oder sich verhalten sollten.[44]

Stereotypen-Wissen wird schon von klein auf in das Alltagswissen aufgenommen und bildet sich bis ins Erwachsenenalter weiter aus. Bereits Einjährige sind in der Lage Geschlechter zu unterscheiden und Personen der einen oder anderen Kategorie zuzuordnen. Damit sind die Voraussetzungen für die Ausbildung von Stereotypen sowie für die Prozesse der Stereotypisierung geschaffen. Ab dem Vorschulalter entwickeln Kinder schließlich konkrete Vorstellungen über das Geschlechterdasein, mithilfe derer sie sich im sozialen Alltag orientieren und zurechtfinden.

2.3 Kindheitsforschung

2.3.1 Psychische Entwicklung der Geschlechtsidentität

Die Unterscheidung zwischen den Geschlechtern begreifen Kinder schon sehr früh. Mit sechs Monaten sind sie bereits in der Lage männliche von weiblichen Stimmen zu unterscheiden[45], etwa im Alter von drei bis vier Jahren wird ihnen klar, dass sie entweder Mädchen oder Junge sind. Vom gleichen Moment an, ist ihnen wichtig ihrem Geschlecht entsprechend wahrgenommen und angesprochen zu werden.[46]

Der psychologischen Theorie des sozialen Lernens zufolge beruht das Aneignen von Eigenschaften und Verhaltensweisen, die eine Kultur in Bezug auf das Geschlecht für angemessen hält (auch als Geschlechtstypisierung bezeichnet), auf den Belohnungen und Bestrafungen, die Kinder erfahren, je nach dem ob sie sich ihrem Geschlecht entsprechend typisch oder untypisch verhalten.[47] Die Konsequenz ist, dass das geschlechtstypische Verhalten von

---

44 Eckes führt in diesem Zusammenhang auch das Konzept der Geschlechterrolle an. Damit seien sozial geteilte Verhaltenserwartungen gemeint, die sich auf Individuen aufgrund ihres sozial zugeschriebenen Geschlechts richten.

45 Eckes 2004, S. 168.

46 Mogge-Grotjahn 2004, S. 8.

47 Zum anderen gehen Vertreter dieser Theorie davon aus, dass Kinder geschlechtstypisches Verhalten durch die Beobachtung Erwachsener lernen. Vgl. Atkinson 2001, S. 96-97.

Kindern davon abhängt, wie stark Geschlechterrollen in einer Kultur ausgeprägt sind. „Kinder lernen, sich geschlechtstypisch zu verhalten, weil das Geschlecht die Grundlage ist, auf der in der Kultur Belohnungen und Bestrafungen verteilt werden.“[48] Vom Kleinkindalter an werden Kinder in der westlichen Kultur, je nach dem ob Junge oder Mädchen, anders gekleidet, sie bekommen anderes Spielzeug und sie werden anders angesprochen bzw. behandelt. Ein Kritikpunkt an der sozialen Lerntheorie ist, dass Kinder als passive Empfänger von Einflussgrößen wie Eltern, Freunde und Medien gesehen werden.

Anders ist das bei der Theorie der kognitiven Entwicklung von Kindern. Hier geht es weniger um die Belohnung von außen, als vielmehr um die innere Übereinstimmung von Geschlechtsidentität und dem geschlechtstypischen Verhalten. Man geht davon aus, dass Kinder, sobald sie ihr Geschlecht bewusst wahrnehmen und bei anderen unterscheiden können, sich auch dementsprechend verhalten möchten.

Einen anderen Aspekt der kindlichen Geschlechtsentwicklung stellt die Theorie des Geschlechtsschemas heraus, die in ihren Grundzügen den Konzepten des Doing Gender gleichkommt. Der Kerngedanke dieser Theorie ist folgender: Die Aufteilung in zwei Geschlechter einer Kultur ist maßgeblich für das eigene Verhalten. „Ständig wird das Kind dazu angehalten, die Welt durch die Brille des Geschlechts zu sehen – mit anderen Worten, bei allem und jedem das Geschlechtsschema zu beachten.“[49] Betont wird hierbei der Einfluss der Kultur auf die Entwicklung. Das Kind wird dabei allerdings nicht als passiver Empfänger, sondern wie auch bei der kognitiven Entwicklungstheorie, als aktiver Mitgestalter seiner Sozialisation verstanden.[50] Auch hier gilt die Schlussfolgerung: Je ausgeprägter in einer Kultur die Geschlechtsstereotype, desto ausgeprägter sind die geschlechtstypischen Verhaltensweisen und Selbstkonzepte der Kinder.[51]

---

48 Atkinson 2001, S. 97.
49 Atkinson 2001, S. 99.
50 Atkinson 2001, S. 100.
51 Atkinson 2001, S. 100-101.

2.3.2 Mediale Geschlechtersozialisation

Weitere Erklärungsansätze für das Erlernen geschlechtstypischen Verhaltens liefern Sozialisationstheorien. Zur Theorie der Geschlechtersozialisation existieren verschiedene Ansätze. Allgemein versteht man unter Sozialisation den Prozess, in dem sich Menschen die soziale Wirklichkeit aneignen und in diese integriert werden. „Der Begriff der Sozialisation bezieht sich auf die Entwicklung des Individuums in seinem Verhältnis zur Umwelt.“[52] Dabei lassen sich verschiedene Richtungen unterscheiden, die sich ebenfalls im Spannungsfeld zwischen naturalistischen und kulturellen Argumentationen bewegen.

Eine Forschungsrichtung versteht Sozialisation als biologisch determinierten Prozess. Vertreter dieser Position sehen Geschlechterunterscheidung als Produkt natürlicher, genetischer Faktoren. „Sie beruhen auf der Überzeugung, dass geschlechtsspezifische Körperfunktionen mit angeborenen, geschlechtstypischen Persönlichkeitsmerkmalen einhergehen.“[53]

Die zweite, in der sozialwissenschaftlichen Diskussion dominante, Perspektive stellt Sozialisation als gesellschaftlich gesteuerte Entwicklung dar (siehe Theorien zur Geschlechterkonstruktion). Dabei wird heute vor allem darauf eingegangen, dass Sozialisation nicht als etwas Passives aufgefasst werden kann, etwa als eine Entwicklung, die passiert, sondern vielmehr als aktiver Prozess verstanden wird, an dem das Individuum beteiligt ist. – Ganz im Sinne des Doing-Gender-Konzepts. „Jedes Individuum, Kind, Jugendlicher oder Erwachsener, ist Teil seiner 'bio-psycho-sozialen' Umwelt, in der es – selbst aktiv und handelnd, passiv und erlebend – teilnimmt.“[54]

Klassische Sozialisationsinstanzen stellen Eltern und Schule dar.[55] Durch gesellschaftliche Veränderungen und Medialisierung kommen heute neue Instanzen hinzu. Hierzu zählen die Gleichaltrigen sowie die Medien. Die

---

[52] Nestvogel 2004, S. 153.
[53] Nestvogel 2004, S. 154.
[54] Bieber-Delfosse 2002, S. 52.
[55] Zur weiterführenden Lektüre zum Thema Sozialisation siehe Veith (Online-Dokument); Grundmann 2006.

Mediennutzung von Kindern zeigt, dass nach wie vor dem Fernsehen eine tragende Rolle zukommt.[56]

Während bei Jugendlichen ab 13 Jahren der Computer und das Internet immer wichtigere Medien werden, die klassische Medien – auch das Fernsehen – überholen, sieht das bei den jüngeren Medienkonsumenten noch anders aus. Sie hätten, so führen Sabine Feierabend und Walter Klingler in ihrer aktuellen Analyse der Fernsehnutzung 3 bis 13-Jähriger an, noch kein so ausgeprägtes Kommunikationsbedürfnis. Ferner sei in der Regel bis zur Einschulung weder Schreib- noch Lesefähigkeit ausgebildet, welche die Nutzung des neuen Mediums aber voraussetzten. „Das Fernsehen ist und bleibt somit das Leitmedium für Kinder."[57]

Kinder im Alter zwischen 3 und 13 Jahren sahen 2007 im Durchschnitt 87 Minuten pro Tag fern. 90 Minuten waren es noch im Jahr zuvor. Insgesamt auffällig sind die Schwankungen im Wochen- und Jahresverlauf. Die Nutzung steigt besonders zum Wochenende und zur kalten Jahreszeit an. 104 Sehminuten sind es 2007 durchschnittlich an einem Samstag, 98 Minuten sonntags. Wochentags, genauer montags bis donnerstags, liegt die Sehdauer bei nur 80 Minuten. In den Monaten November bis Februar liegt die Nutzung 8 bis 10 Minuten über dem Jahresdurchschnitt von 144 Minuten.[58] Kinder sehen am meisten abends (ab ca. 18-19 Uhr) fern, [59] was bedeutet, dass sie nicht ausschließlich Kinderprogramm konsumieren. Im Gegenteil: „Insgesamt wird deutlich, dass Kindersendungen und Sendungen, die Kinder gern und häufig sehen, nicht identisch sind."[60] Ein Blick auf die aktuellen Senderfavoriten bei den jungen Zuschauern weist wiederum eine deutliche Tendenz zu kindergerechtem Programm auf. Unter den fünf Lieblingssendern sind alle drei

---

56 Auch das Internet stellt gewiss eine besonders zu berücksichtigende Instanz dar, der ich im Rahmen dieser Untersuchung allerdings nicht weiter nachgehe.

57 Feierabend/Klingler 2008, S. 190. Auch wenn an dieser Stelle zu bemerken ist, dass die Fernsehnutzung allgemein rückläufig ist. Siehe ebenda und S. 203.

58 Feierabend/Klingler 2008, S. 193-194.

59 Feierabend/Klingler 2008, S. 194-195 und 198.

60 Aufenanger 1995b, S. 197. Dies stellt keine neue Entwicklung dar, im Gegenteil, schon in Studien der 1970er Jahre wird dieses Phänomen herausgestellt. Vgl. Böckelmann u. a. 1979, S. 15.

Kindersender vertreten. Die Top-Five der Lieblingssender bilden: Super RTL, KI.KA, RTL, ProSieben und NICK.[61]

Die mediale Omnipräsenz zum einen, die intensive Mediennutzung der Kinder zum anderen führt dazu, dass neuen Instanzen in den Sozialisationsprozess einbezogen werden (müssen). „[H]eute muss bei der gesamten Debatte berücksichtigt werden, dass schon bei Neugeborenen andere Personen und Institutionen 'miterziehen' und es im Zeitalter der Medien kaum noch einer besonderen Erziehung in der Familie bedarf, um Normen und Erwartungen an Weiblichkeit/Männlichkeit zu vermitteln. Diesem Sperrfeuer an Geschlechterstereotypen in Filmen, Fernsehen, Werbung, Illustrierten etc. können sich weder Erwachsene noch Kinder entziehen."[62]

Die Tendenz, auch Werbung als Teil der Sozialisation wahrzunehmen, schlägt sich seit Mitte der 1990er immer deutlicher in der Literatur zum Thema nieder.[63] Michael Charlton u. a. unterstreichen im Rahmen ihrer Studie zum Thema Fernsehwerbung und Kinder die veränderten Rahmenbedingungen für den Sozialisationsprozess durch den gesellschaftlichen Wandel. In diesem Zusammenhang weisen sie unter anderem auf die Ausführungen von Heinz Hengst hin. Er gehe von einer Pluralisierung der Sozialisationsinstanzen bzw. einer (Selbst-) Sozialisation durch die Massenmedien aus.[64]

Auch Anna Elisabeth Mayer macht in ihren pädagogischen Ausführungen zur Kinderwerbung darauf aufmerksam, dass sich auf der gesellschaftlichen Ebene Medien, Wirtschaft und Konsum zu einer eigenständigen Sozialisationsinstanz herausgebildet haben.[65] Bei Kindern als Zielgruppe will Werbung

---

[61] Feierabend/Klingler 2008, S. 196. (In Anlehnung an die Daten der AGF/GfK Fernsehforschung.) Die genannten Ergebnisse beziehen sich auf einen Untersuchungszeitraum von 24 Stunden/Tag. Bei einer Eingrenzung auf das Zeitfenster zwischen 6 und 21 Uhr belegen alle drei Kindersender sogar die ersten drei Plätze.

[62] Gildemeister 2005, S. 201. Der Beitrag bezieht sich auf Hagemann-White 1984.

[63] Dies gilt mit Einschränkung. In diesem Zusammenhang verweise ich auf das Werk von Arnold Hermanns, welches das Thema Werbung und Sozialisation bereits Anfang der 1970er behandelt. Sein Fazit: Vor allem verstärkende Sozialisationswirkung von Wirtschaftswerbung bereits bestehender Verhaltensdispositionen. Vgl. Hermanns 1972, S. 126.

[64] Neumann-Braun/Erichsen 1995, S. 24. Zu den Überlegungen von Hengst bezüglich der veränderten Kindheitsbedingungen siehe auch Bieber-Delfosse 2002, S. 41.

[65] Mayer 1998, S. 109.

vor allem eins erreichen: frühes Markenbewusstsein bzw. feste Markenbindung.[66] Werbung erfüllt für Heranwachsende eine Vorbild- und Anlehnungsfunktion, weil sie nach Hengst eine Lebensweise präsentiert, die Erfüllung und Glück verheißt. Der Autor fasst es in folgende Worte: „Die Menschen gehen mit [den Darstellungen in der Werbung] sehr häufig nicht anders um wie mit Filmen und Romanen, und zwar nicht ohne Grund; denn die Werbung bietet – wie verzerrt und ideologisiert auch immer – Geschichten darüber an, wie man leben sollte, Geschichten, die sich auf gemeinsame Identitätsvorstellungen beziehen, die Selbstkonzepte berühren, Bilder von gelingenden menschlichen Beziehungen, von Erfüllung und Glück entwerfen."[67]

Den Einfluss von Werbung auf den Sozialisationsprozess stellt ebenso die Forschergruppe um Dieter Baacke heraus. „Werbung ist [...] inzwischen kulturell genau so institutionalisiert wie Schule, Elternhaus, Gruppen Gleichaltriger etc."[68] Der Meinung der Autoren zufolge ist offensichtlich, wie stark Medien und Werbung die kindliche Realitätskonstruktion von klein auf mit beeinflussen. Medien seien von frühauf Teil des Wahrnehmungsgeschehens. „Aus den Forschungen zum geschlechtsspezifischen Verhalten und zur geschlechtsspezifischen Sozialisation ist bekannt, daß die Konstruktion von Geschlechtsstereotypen und die Identifikation mit ihnen über die verschiedenen Sozialisationsinstanzen schon sehr früh greifen." [69] Auch bekämen Kinder durch Werbung eine geschlechtstypische Spielweise vermittelt, und zwar nach dem bekannten Muster: Barbies für die Mädchen und Autos für die Jungen.

Heinz Moser warnt allerdings davor, die Medien als primäre Verursacher verantwortlich zu machen. „Wenn Geschlechtsunterschiede schon früh beim Medienkonsum eine Rolle spielen, indem sie das Publikum an ihren Grenzen entlang in zwei Gruppen aufteilen, so wäre es dennoch falsch, in den Medieneinflüssen die primären Verursacher identifizieren zu wollen."[70] Vielmehr könne man davon ausgehen, dass Kinder bereits über fest verankerte geschlechtsspezifische Schemen verfügen, wenn ihr Medienkonsum (mit ca. drei Jahren) einsetzt.

---

66 Lange/Didszuweit 1997, S. 44.
67 Hengst 2002, S. 45-51.
68 Baacke, Dieter u. a. 1993, S. 228.
69 Baacke, Dieter u. a. 1999, S. 248.
70 Moser 1998, S. 159-160.

Auch Barbara Rendtorff vertritt die Meinung, dass Medien, wie Bücher, Computer und das Fernsehen wesentliche Bestandteile von Sozialisation geworden sind.[71] Sie gibt zu bedenken, dass besonders die Darstellungen von Geschlecht zur Beständigkeit von traditionellen Bildern beitragen, die gewohnte Muster bedienen.[72] Damit spricht sie, ähnlich wie Moser, Medien vor allem eine verstärkende Macht zu. Werbung spiele in dieser Hinsicht eine besondere Rolle. In den Werbeblöcken zwischen den Kindersendungen könne man übermäßig klischeehafte Darstellungen beobachten: „Im Übrigen werden stereotype Darstellungen von Mädchen und Jungen enorm durch ihre Darstellung in den Werbeblöcken (z. B. für Spielsachen und Süßwaren) verstärkt, die zwischen den Kindersendungen gezielt auf das spezielle Publikum hin platziert sind und in denen Kinder z.T. übermäßig klischeehaft als Jungen bzw. Mädchen angesprochen werden."[73]

2.4 Werbung

2.4.1 Ziele, Formen, Strategien

„Allgemein versucht die Werbung, durch die Produktion und Distribution von Medienangeboten bei jeweils klar definierten Zielgruppen zwangfrei und mit wiederholbarem Erfolg Teilnahmebereitschaft in Bezug auf Produkte, Leistungen, Personen und Botschaften zu produzieren."[74] So definiert Guido Zurstiege Werbung im **Lexikon Kommunikations- und Medienwissenschaft**. Produziert wird Werbung in der Regel von Werbeagenturen, wobei die Verbreitung über die Massenmedien stattfindet, sei es über Zeitschriften, das Fernsehen oder Internet. Das oberste Ziel von Werbung lautet verkaufen. Durch die Definition von Zurstiege wird deutlich, dass es sich dabei nicht ausschließlich, wenn auch hauptsächlich, um Produkte handelt. Geworben wird ebenfalls für Personen, Ideen, Initiativen und Dienstleistungen. Teilnahmebereitschaft steht im Sinne Zurstieges für die Bereitschaft sich von der Werbung überzeugen zu lassen und den Handlungsaufforderungen der Werbetreibenden zu folgen (also zu kaufen, zu wählen etc.).

---

[71] Rendtorff 2003, S. 149.
[72] Rendtorff 2003, S. 150-151.
[73] Rendtorff 2003, S. 154.
[74] Zurstiege 2006, S. 309-310.

Geht es im Speziellen um Werbung für Produkte, stehen die wirtschaftlichen Erfolge stets im Vordergrund.[75] Produktwerbung hat schließlich nur ein einziges Ziel und das lautet: Kaufverhalten zugunsten des beworbenen Produkts beeinflussen.[76] Um dieses Ziel zu erreichen, wendet Werbung verschiedene Strategien an.[77] Aufmerksamkeit ist zunächst Voraussetzung für erfolgreiche Informationsaufnahme und damit für erfolgreiche Werbung.[78] Um Aufmerksamkeit zu erzielen, muss sich Werbung von der Konkurrenz abgrenzen. In einer medial überfluteten Gesellschaft wird dies immer schwieriger. Wirksamen Methoden der Interessenlenkung sind übertreiben, provozieren und Tabus brechen. Am Ende muss sich das Produkt – zumindest durch die Werbung – vom übrigen Markt abheben. Auch wenn ein Produkt nicht wirklich anders ist, wird es doch stets als etwas Neues angeboten. Diesem Gedanken liegt die Redundanz-Varietäts-Theorie von Luhmann zugrunde: „Man braucht [...] zusätzliche Unterstützung der Motive, und am besten geschieht dies durch die Illusion, Dasselbe sei gar nicht Dasselbe, sondern etwas Neues. Entsprechend liegt ein Hauptproblem der Werbung darin, laufend Neues vorstellen und zugleich Markentreue, also Varietät und Redundanz erzeugen zu müssen."[79] Zurstiege setzt in Bezug auf Luhmanns Worte Varietät mit Innovation und Redundanz mit Tradition gleich.[80] Traditionelle, also bekannte Muster, schaffen in der Werbung Identifikationsfläche und erreichen, dass sich die Zielgruppe angesprochen fühlt. Dem Rezipienten wird suggeriert, dass das Produkt zum eigenen Leben dazugehört, gewissermaßen, wie für ihn gemacht ist. Innovation, also neue Aspekte, wirken Langeweile entgegen und wecken das Kaufbedürfnis.

Eine weitere Werbestrategie, die so genannte Ausblendungsregel, entlarven Siegfried Schmidt und Brigitte Spieß. Sie impliziert die Annahme, dass Werbung ausschließlich positive Inhalte übermittelt und das Wissen darüber

---

75 Zur wirtschaftlichen Zielsetzung der Werbung siehe auch Spieß 1994, S. 409; Schmidt 2002, S. 103; Schmidt und Zurstiege 2001, S. 227.

76 Siehe auch Bergler/Pörzgen 1992, S. 23.

77 Nach Bergler und Pörzgen sind es die drei Gestaltungsmerkmale Prägnanz, Verständlichkeit und Attraktivität, die Werbung ausmachen. Siehe hierzu Bergler/Pörzgen 1992, S. 15-16; Zurstiege 1998, S. 196.

78 Folgt man dem geläufigsten Modell zur Wirkungsweise von Werbung, dem AIDA-Modell, durchlaufen Werbebotschaften die vier Stufen Aufmerksamkeit, Interesse, Wunsch/Verlangen, Handlung/Kauf. Siehe hierzu z. B. auch Korosides 2008.

79 Luhmann 1995, S. 39.

80 Siehe hierzu Zurstiege 2005, S. 162-166.

beim Publikum vorausgesetzt wird.[81] Oder um es mit den Worten von Spieß auszudrücken: „Alles, was die Überzeugungskraft eines Arguments [...] beeinträchtigen könnte, wird von der Werbung ausgeblendet."[82]

Ferner muss Werbung verständlich sein. Hierzu braucht es vor allem eine einfache Sprache und klare Botschaften. Auch die Wiederholungsrate spielt eine entscheidende Rolle.[83] Man geht davon aus, dass je öfter potenzielle Kunden mit der Werbung eines Produkts konfrontiert werden, desto höher der Wiedererkennungswert und desto stärker die Produktbindung.

2.4.2 Konstruktion von Wirklichkeit

Nachdem auf die Konstruktion von Wirklichkeit durch Massenmedien im einführenden Kapitel des Theorieteils eingegangen wurde, geht es im Folgenden konkret um Werbung als eigenständiger Bereich der Massenkommunikation[84].

Ähnlich wie dies bereits allgemein für Massenmedien herausgestellt wurde, existieren zwei unterschiedliche Sichtweisen darüber, in welchem Verhältnis Werbung und Gesellschaft bzw. Werbung und soziale Wirklichkeit zueinander stehen. Die einen sehen Werbung als Spiegel oder Barometer gesellschaftlichen Wandels, die anderen sehen Werbung als aktiven Interaktionszusammenhang, als „Abbild und Vorbild zugleich", wie es Schmidt formuliert. In dieser, der Arbeit zugrunde liegenden, konstruktivistischen Sichtweise, ist Werbung aktiver Mitgestalter von sozialer Wirklichkeit. Zu beobachten ist schließlich Folgendes: Werbetreibende schauen auf die Gesellschaft und machen sich vorherrschende Rollenbilder zu eigen, um Identitätsfläche zu schaffen.[85] Werbeinterne Zielsetzungen (Beeinflussung des Kaufverhaltens, Lenkung der Aufmerksamkeit, verständliche Botschaft etc.) verursachen aber Verzerrungen, weshalb von Abbilden nicht mehr die Rede sein kann. Diese

81 Zur Ausblendungsregel siehe auch Schmidt/Zurstiege 2001, S. 228.
82 Spieß 1994, S. 410.
83 Wagner 2002, S. 20.
84 Vgl. Brosius/Fahr 1998, S. 11.
85 Zur Anlehnung der Werbung an den Zeitgeist der Gesellschaft siehe u. a. auch Schmidt 1995b, S. 40 ff.

veränderten und karikierten, ja eben konstruierten Bilder wirken auf das Rollenverständnis des Publikums, und somit der Gesellschaft.[86] „Werbung reagiert nicht nur sensibel auf ihre Umgebung, sie wirkt auch auf diese Umgebung zurück".[87]

Schmidt weist in diesem Zusammenhang auf die besondere Rolle soziokultureller Geschlechterunterschiede in der ständig um Ausgleich zwischen Varietät und Redundanz bemühten Werbung hin. Einerseits beziehe sie sich mit der Darstellung von Männern und Frauen auf fest verankerte Vorstellungen darüber was männlich und was weiblich ist (Redundanz). Andererseits schaffe sie mit jeder geschlechtlichen Darstellung den vorherrschenden Dualismus neu und füge den bereits bestehenden Unterscheidungen neue hinzu (Varietät). „Der neue Mann, die neue Frau der Werbung, sie sind dabei vor allem dies: besser als ihre Vorgänger."[88]

2.4.3 Konstruktion von Geschlecht

> „Geschlechtsspezifische Aspekte in den Medien wurden von den Sozial- und Medienwissenschaften lange Zeit vornehmlich auf die Darstellung der Frau zentriert untersucht, während die Darstellung des Mannes (und die von Kindern) weit weniger Beachtung fand."[89]

Während das Bild der Frau in der Werbung schon seit den 1980er Jahren zum Thema wissenschaftlicher Diskurse wurde, rückte der Mann erst ein Jahrzehnt später ins Blickfeld. Bevor in diesem Buch der Blick auf Kinder in ihrer geschlechtlichen Darstellung gerichtet ist, werden in den folgenden beiden Kapiteln die Forschungsergebnisse zu Männer- und Frauenbildern in der Werbung zusammengetragen.[90]

---

86 Zum Thema Realität, Konstruktion und Werbung siehe auch Zurstiege 2005; Spieß 1994, S. 409; Schmidt/Zurstiege 2001, S. 230.

87 Schmidt/Spieß 1994, S. 239. Dass Werbung Spiegel und Motor gesellschaftlichen Wandels darstellt, betont auch Zurstiege in seiner Arbeit. Siehe dazu Zurstiege 2002, S. 136.

88 Schmidt 2002, S. 106.

89 Baacke u. a. 1999, S. 299.

90 Mit Verweis auf Pelzer 2008, S. 209-224.

2.4.3.1 Frauenbilder

Erste durchschlagende Kritik zum Thema Frauenbilder in der Werbung machte in Deutschland Christiane Schmerl Ende der 1980er öffentlich.[91] In Büchern wie **Frauenfeindliche Werbung. Sexismus als heimlicher Lehrplan** oder **Frauenzoo der Werbung. Aufklärung über Fabeltiere** zeigt die Autorin auf, welche Frauenklischees in der Werbewelt existieren, und welche Ursachen und Konsequenzen die geschlechtlichen Stereotype und ihre Verbreitung haben.

Schmerl arbeitet im Wesentlichen zwei typische Muster diskriminierender Werbung heraus. Hierbei handelt es sich zum einen um Frauen benutzende Werbungen, zum anderen um offene Frauenfeindlichkeit. Letztere zeichne sich dadurch aus, dass das weibliche Geschlecht sichtlich „herabgesetzt, lächerlich gemacht oder in einer anderen Art und Weise als eine nicht für voll zu nehmende menschliche Spezies hingestellt" wird.[92] Als Methode zur Überprüfung, ob es sich um diskriminierenden Inhalt handelt, schlägt Schmerl die Umkehrprobe vor. Man solle die Slogans einfach in „männlich"[93] übersetzen. Damit entlarve man den unwitzigen und sinnleeren Charakter solcher Werbetexte. Kritisch anzumerken ist an dieser Stelle nach Bergler und Pörzgen, dass Schmerl die Gleichheit von Mann und Frau, sowie eine positivere Darstellung des Mannes in der Werbung voraussetzt, ohne dem weiter nachzugehen. Denn umgekehrt würde die Methode nicht angewandt.[94]

Passend zu ihrem Buchtitel **Sexismus als heimlicher Lehrplan** formuliert Schmerl ferner sieben „Rezepte" für frauenfeindliche Werbung. Sie fassen die überwiegend vorkommenden Typen frauendiskriminierender Werbung (mit Stand der 1980er) zusammen und bringen Schmerls Kritikpunkte zum Ausdruck. Erstes und letztes Rezept spielen darauf an, dass die Frau in der Werbung sexuellen Anzüglichkeiten sowie männlichem Spott ausgesetzt sei. Rezept 2 klagt

---

91 Prägende Vorarbeiten zum Thema Geschlecht und Medien leistete zum einen Erich Küchenhoff, der 1975 im Auftrag des Bundesministers für Jugend, Familie und Gesundheit eine empirische Untersuchung mit dem Titel **Die Darstellung der Frau und die Behandlung von Frauenfragen im Fernsehen** veröffentlichte. Zum anderen ist an dieser Stelle das Werk **Geschlecht und Werbung** von Erving Goffman aus dem Jahr 1981 (Originalfassung von 1979) zu erwähnen, in dem der Autor stereotype Darstellungen für die Interaktion zwischen Mann und Frau anhand von Mimik, Gestik, Bildkomposition etc. ausarbeitet.

92 Schmerl 1987, S. 18.

93 Schmerl 1987, S. 19.

94 Bergler/Pörzgen 1992, S. 30.

die Gleichsetzung von Frauen mit Produkten an. Schmerl nennt Beispiele, in denen Frauen als „handlich, immer wieder bespielbar und stets bereit“ beschrieben werden. Aus der Rechnung Frau gleich Produkt folgert sie: „Frauen haben wie andere Konsumartikel auch stets taufrisch und unverbraucht zu sein: aufreißen, reinbeißen, wegwerfen – eine neue Packung bitte! Frauenfeindlich? Menschenverachtend!“[95] Nummer 3 kritisiert das häufig dargestellte Klischee, Frauen hätten nur den Haushalt im Sinn. Des Weiteren konstruiere die Werbung als typisch weiblich bezeichnete Unarten (Rezept 4). Die Frau sei demnach technisch dumm, launisch, tratschsüchtig, kaufsüchtig, umtauschwütig usw. Außerdem würden der Frau „kosmetische Zwangsjacken“ verpasst, indem sie ein Schönheitsideal gestalte, dem sich Frauen und Mädchen zu unterwerfen haben (Rezept 5), bzw. sie dies auch immer bereitwilliger tun. – Was heutzutage durchaus auch auf Männer zutrifft. „Frauen [...] sind zunehmend bereit, ab der Pubertät an ihrem Körper herumzufeilen und zu basteln: Sie hungern weg und trainieren weg, sie polstern aus und trainieren auf, sie packen Silikon und Collagen unter die Haut, sie straffen, liften, schneiden, glätten, bleichen, ätzen und versuchen, sich den vorwiegenden Bildern anzunähern.“[96] Letztlich, so Rezept Nummer 6, würde der Begriff Emanzipation pervertiert und zur Vermarktung gebraucht.[97]

Ein halbes Jahrzehnt später ergänzt Schmerl die vorangegangenen harten Rezepte um drei weitere weiche.[98] Diese beziehen sich zunächst auf nonverbale Darstellungsmuster. Männer sind demnach groß, kräftig, stark und ernst, ihre Körperhaltung ist aufrecht, bestimmt und überlegen, sie sind überwiegend bekleidet. Frauen dagegen seien schmal, zart und zierlich, nicht muskulös, oft lächelten sie, sie seien überwiegend freundlich, und häufiger spärlich oder gar nicht bekleidet.[99] Im nächsten Punkt kritisiert Schmerl die Aufteilung der Produktwelt nach männlichen und weiblichen Artikeln.[100] Sogar neutrale Gebrauchsgegenstände würden nach Geschlecht polarisiert. Damit würden geschmackliche Vorlieben unterbunden, d. h. schon im Voraus nach biologischen Faktoren ausgeschlossen.

---

95 Schmerl 1987, S. 21.
96 Schmerl 1992, S. 31.
97 Zur ausführlichen Beschreibung samt Beispielen der Rezepte siehe Schmerl 1987, S. 20-26; Schmerl 1992, S. 19-33.
98 Schmerl 1992, S. 49-58.
99 Schmerl bezieht sich bei ihren Aussagen unter anderem auf die Ergebnisse von Erving Goffman.
100 Siehe hierzu auch: Schierl 2003, S. 203.

Weiter stellt Schmerl Anfang der 1990er das Aufkommen der „fast neuen" Frau in der Werbung fest. Diese stellt ihren Ausführungen zufolge allerdings keinen Fortschritt im Sinne einer Aufwertung dar. Im Gegenteil, die neue Frau der Werbewelt sei zwar weder mit Kochen noch mit Putzen beschäftigt, dafür mache sie aber auch sonst nichts besonders Sinnvolles. „Ganz offensichtlich finden wir sie [...] am häufigsten ganz ohne Funktion, als freischwebende Nichtstuerin, mit sich selbst beschäftigt oder mit Sport und Freizeit."[101]

Drei Frauentypen prägen nach Schmerl also das Bild der Frau in der Werbung: Das schon seit den 1950er Jahren verbreitete Werbebild der Hausfrau und Mutter, die junge leidenschaftliche, verführerische Frau sowie die neue Müßiggängerin aus den 90ern.[102] Erfolgreiche, berufstätige, sportliche, aktive, kreative und selbstständige Frauen seien Ausnahmeerscheinungen oder würden gar nicht gezeigt.[103]

Nicht jede Frau, auch nicht jeder Mann, fühlt sich von bestimmten Werbeinhalten gleichermaßen und persönlich angegriffen. Die Autoren Reinhold Bergler und Brigitte Pörzgen gehen in ihrem Werk **Frau und Werbung - Vorurteile und Forschungsergebnisse** davon aus, dass eine negative Beurteilung der werblichen Darstellung der Frau dann stattfindet, wenn eine Diskrepanz zwischen Selbst- und Werbebild besteht. Sie unterstreichen, dass die frauenfeindliche Einstufung einer Werbung von den eigenen Wertvorstellungen und Überzeugungen abhängt.[104] Thomas Schierl hält deshalb fest: „Es gibt kaum die frauenfeindliche Werbung, sondern es gibt immer wieder spezifische Darstellungen, die wiederum spezifischen Frauen als feindlich und unzeitgemäß erscheinen."[105]

---

[101] Schmerl 1992, S. 55; Schierl 1999, S. 346-347.

[102] Siehe hierzu auch Schmerl 1992, S. 191-192.

[103] Zu einem ähnlichen Ergebnis kommen auch Bergler/Pörzgen 1992, S. 31-34. Eine aktuelle Studie bestätigt diese Tendenz ebenfalls. Zwar ist den Ergebnissen zufolge ein leichter Trend Richtung moderne Rollenbilder zu erkennen, dennoch dominierten ganz klar klischeehafte Darstellungen. Die Studie wurde von Ungleich Besser Diversity Consulting in Köln durchgeführt. Hierbei untersuchte die Agentur 686 Printanzeigen in auflagestarken Nachrichtenmagazinen (Spiegel, Focus, Stern und Wirtschaftswoche) von Juni bis August 2007. Vgl. Ungleich Besser Diversity Consulting 2007.

[104] Bergler/Pörzgen 1992, S. 34 und S. 197.

[105] Schierl 2003, S. 206.

2.4.3.2 Männerbilder

Erst seit den 1990er Jahren rückt der Mann ins Blickfeld der Betrachtung.[106] Dadurch, dass anfängliche Untersuchungen zum Thema Medien, speziell Werbung und Geschlecht Unternehmungen im Rahmen von Gleichberechtigungsbestreben waren, ging es lange Zeit hauptsächlich um das Frauenbild. Nils Borstnar schreibt in diesem Zusammenhang Männlichkeit in der Kultur eine paradoxe Existenz zwischen Omnipräsenz und Nicht-Sichtbarkeit zu.[107] Einerseits lautet der Vorwurf, Männer seien im Vergleich zu Frauen in der Werbung überrepräsentiert, auf der anderen Seite wird der Mann als Untersuchungsgegenstand kaum berücksichtigt, und wenn, meist um die Benachteiligung der Frau herauszustellen.

Welche Männer-Typen dominieren die Werbewelt? Stefan Krohne zählt drei Lebensentwürfe auf, in denen sich der Werbemann hauptsächlich widerspiegele: Der berufstätige Mann (impliziert in traditioneller Hinsicht den Verantwortlichen, den Versorger, den Erfolgreichen und Kompetenten), der Ehepartner und Familienvater (meint traditionell den Erzeuger und Patriarchen), sowie der Mann in seiner Freizeit (also den Gewinner, Leistungsstarken und Alleskönner). Während der arbeitende Mann Krohne zufolge die verbreitetes-te Rolle einnimmt und sich dieses Bild nach seinen Untersuchungen im Laufe der Zeit am wenigsten gewandelt hat, stellt er bei den Familienvätern bereits einige Entwicklungen fest, die aus dem patriarchalischen Familienoberhaupt aus den 50er und 60er Jahren einen, zumindest teilweise, einsichtigen und emotionalen Ehemann und Vater machen. Der Mann in seiner Freizeit verkörpere dagegen wieder durch und durch traditionelle Vorstellungen von Männlichkeit.[108] Hier geht es eben vornehmlich um Werte wie Selbstverwirklichung und Leistungsfähigkeit, weniger aber um gesundheitliche Gründe oder pures Vergnügen.

Zurstiege publizierte Ende der 90er die erste umfassende Arbeit mit dem Ziel die werbliche Konstruktion von Männlichkeit im Zeitverlauf herauszustellen. Nach seinen Ergebnissen werden Männer in der Anzeigenwerbung allgemein

[106] Zum Forschungsfeld Männer und Männlichkeit siehe auch Dastyari 1999, S. 8-14. Zum sich wandelnden Männerbild in der Gesellschaft siehe Hollstein 1990.
[107] Borstnar 2002, S. 11.
[108] Krohne 1995, S. 142-144.

als „sportlich, erfolgreich, tüchtig und vernunftbegabt“[109] charakterisiert. Seit den 1980er Jahren sind auch hinsichtlich des Männerbildes Veränderungstendenzen in der werblichen Darstellungsweise zu erkennen.[110] Soheil Dastyari spricht nach seiner Untersuchung von Fernsehwerbespots 1999 sogar von einem radikalen Bruch des traditionellen Bildes. Der Mann würde nicht länger als entscheidende Autorität dargestellt werden. Noch sei er länger unabhängig und dominant. Im Gegenteil, er lege passives Verhalten an den Werbetag, befinde sich öfter in hilfebedürftiger Situation und würde nicht länger hauptsächlich im Beruf abgebildet. Dastyari konstatiert: „Die Männer in der deutschen Fernsehwerbung werden als entdifferenzierte, homogene, voneinander nicht deutlich unterscheidbare Masse dargestellt.“[111] – Eine Meinung, die in weiterführenden Analysen, zumindest in diesem Maße, nicht unterstützt wird.

Hinsichtlich einer gesteigerten Inszenierung des männlichen Körpers hat sich das Männerbild in der Werbung verändert.[112] Dietmar Kreutzer spricht in seinem Bildband **Kauf mich: Männer in der Werbung** sogar von einem „Boom nackten Männerfleisches“.[113] Doch folgt man dem Grundkonsens verschiedener empirischer Untersuchungen dazu, bleibt es trotz eindeutigem Trend im Vergleich zu Frauenbildern bei Randerscheinungen. „Denn Darstellungen nackter oder nur spärlich bekleideter Männer nehmen zwar zu, bleiben jedoch nach wie vor die Ausnahme“,[114] stellt Zurstiege in seinem Resümee fest.[115] Borstnar betont nach eingehender Analyse von Duftwerbespots, dass trotz zunehmender Körperlichkeit nicht vom männlichen Lustobjekt, als vielmehr von einem neuen Machtsubjektstatus die Rede sein kann.[116] D. h., wenn ein Mann nackt dargestellt wird, wird er als Subjekt, die nackte Frau dagegen als Objekt wahrgenommen. So kommt auch Raphaela Dreßler in ihrem Essay **Vom Patriarchat zum androgynen Lustobjekt** (2008) zu dem Schluss, dass „trotz aller

---

[109] Zurstiege 1998, S. 196.
[110] Zurstiege 1998, S. 26.
[111] Dastyari 1999, S. 78.
[112] Siehe hierzu auch Borstnar 2002, u. a. S. 11-12, 75.
[113] Kreutzer 1998, S. 6.
[114] Zurstiege 1998, S. 194; Schmidt/Zurstiege 2001, S. 240.
[115] Zehn Jahre später resümiert Zurstiege in einem Essay, dass die Werbung auch den Mann als Lustobjekt entdeckt habe. Siehe hierzu Zurstiege 2008, S. 122-123.
[116] Siehe hierzu auch Borstnar 2002, S. 395-396.

Veränderungen die äußere Darstellungsform des Mannes noch häufig in stereotyper Weise präsentiert wird und dadurch Auswirkungen auf die soziale Konstruktion der Geschlechterrollen ausübt."[117]

2.4.3.3 Mädchen- und Jungenbilder

„Auch die Inszenierung kindlicher Akteure in der Werbung ist von stereotypenhaften 'Rollenzuweisungen' bestimmt", stellt die Autorengruppe um Dieter Baacke Ende der 1990er Jahre fest.[118] Traditionelle Geschlechterstereotype würden in Spots für Vor- und Grundschulkinder oft einen überbetonten Aspekt darstellen. Gesellschaftliche Veränderungen und familienstruktureller Wandel fänden dabei in der Werbung keine Beachtung.[119]

Stefan Aufenanger sieht zum Beispiel in Werbungen für Mädchen Werte wie Ordnungssinn, Konsumorientierung und Selbstbeschränkung vermittelt. Bei Spots, die sich an Jungen richten, gehe es hauptsächlich um typische männliche Eigenschaften wie Selbstbehauptung, Durchsetzungsvermögen und Aggressivität. „Häufig wurden traditionell orientierte, patriarchalische Geschlechtsrollenstereotype herausgearbeitet, die entgegen sich verändernden gesellschaftlichen Bedingungen nach wie vor über Werbung transportiert werden." [120]

Ähnlich ist auch die Einschätzung des Medienpädagogen Ralf Diessners zu lesen. Auch er stellt eine Fixierung auf Klischees in der Kinderwerbung fest, die ganz im Gegensatz zu der sich verändernden Rollenverteilung der Geschlechter in der Gesellschaft stehe. „In Werbespots für 'Barbie' oder 'Baby Born' werden als weibliche Eigenschaften einzig Schönheit, Luxus- und Konsumorientierung oder das Aufgehen in einer unreflektierten Mutterrolle vermittelt. Das Spielzeug für Jungen dagegen reduziert die männlichen Eigenschaften einseitig auf Begeisterung für Technik, Durchsetzungsvermögen und Stärke bis hin zur Aggressivität."[121] Da Gleichaltrige für

---

[117] Dreßler 2008, S. 124-154. Die Autorin untersuchte Stern-Anzeigen von 1950 bis heute.
[118] Baacke 1999, S. 301.
[119] Baacke 1999, S. 305-306.
[120] Aufenanger 1995a, S. 160.
[121] Diessner (Online-Artikel), ohne Jahresangabe.

Kinder eine große Vorbildfunktion hätten, sei eine Übernahme von geschlechtsspezifischen Stereotypen, die in der Kinderwerbung oftmals von Kindern präsentiert werden, wahrscheinlich.

Wie werden die geschlechtstypischen Merkmale durch die Werbung im Einzelnen vermittelt? Zum einen sicherlich durch die Darstellung der Protagonisten in den Spots. Mädchen werden als Mutter, Hausfrau oder Model dargestellt. Jungen häufig in der Rolle des Helden, des Unschlagbaren und des Guten, der das Böse besiegt.[122] Zum anderen geschieht dies durch eine klare Aufteilung der Produktkategorien, wie es Schmerl bereits für Erwachsenenprodukte herausstellte. Während Spots für Brett- und Gemeinschaftsspiele, Süßigkeiten und Getränke meist an beide Geschlechter adressiert sind, herrscht besonders auf dem Spielzeugmarkt eine deutliche Trennung zwischen Artikeln für Mädchen und Jungen vor.[123] Schönheit, Schminken und Kosmetik stünden bei Mädchenspielzeug deutlich im Vordergrund. Dagegen würden bei Jungenspielzeug Muskel- und Waffenkraft im Mittelpunkt stehen, stellt Sven Kommer nach seiner Analyse des Werbeangebots für Kinder fest.[124]

Eine solche Unterteilung in Jungen- und Mädchenspielzeug schlägt sich auch in der Spotgestaltung bzw. der Produktpräsentation nieder. Spots, die sich an Jungen richten, seien häufig mit schnellen Schnitten und Kamerafahrten ausgestattet, sie würden technische Details betonen und Kraft und Stärke demonstrieren. Ferner würden sie überwiegend von einer rhythmischen Hintergrundmusik begleitet und enthielten computeranimierte Szenen, stellen Baacke u. a. fest. Weiche Überblendungen, eingängige und romantische Melodien sowie eine rosa oder lila Farbgebung seien dagegen typisch für Spots, die Mädchen ansprechen.[125]

---

[122] Baacke 1999, S. 304-305.
[123] Baacke 1999, S. 302-303.
[124] Kommer 1996, S. 51.
[125] Baacke 1999, S. 305; Holdenried 1995, S. 130; Schmerl 1984, S. 96-97.

2.4.4 Untersuchungsgegenstand: Fernsehwerbespot

Nachdem bisher Werbung medienunabhängig Gegenstand der Betrachtungen war, geht es im Folgenden konkret um Fernsehwerbung, speziell um Werbespots. Das Fernsehen stellt seit Jahren das wichtigste Werbemedium für Kinder dar. Vor allem das Kinderprogramm der privaten Sender scheint ein einziges Werberahmenprogramm[126] zu sein. – Schließlich finanzieren sich die privaten Sender ausschließlich über Reklame und sind zudem nicht an die strengeren Gesetze des öffentlich-rechtlichen Rundfunks gebunden.[127] Laut der Definition von Hans-Bernd Brosius und Andreas Fahr ist „(Fernseh-) Werbung [...] der absichtliche Versuch der Beeinflussung durch systematische und strategische Anwendung von Gestaltungstechniken."[128]

Jens Woelke benennt in seiner Arbeit **Durch Rezeption zur Werbung. Kommunikative Abgrenzung von Fernsehgattungen** unterschiedliche Erscheinungsformen von Werbung im Fernsehen. In vorliegender Arbeit liegt der Fokus speziell auf Fernsehwerbespots. Diese bilden nach Woelke eine eigenständige Gattung, die sich sowohl inhaltlich als auch formal vom redaktionellen Programm abgrenzt.[129] „Räumlich und zeitlich abgetrennt vom redaktionellen Programm werden diese [Werbespots] in Werbeblöcken entweder als so genannte 'Scharnierwerbung' zwischen zwei redaktionellen Programmen ausgestrahlt oder sie unterbrechen ein einzelnes redaktionelles Programm."[130]

2.4.4.1 Geschichte und Entwicklung

Seit der Bayrische Rundfunk am 3. November 1956 das Werbefernsehen einführte, hat sich der TV-Werbemarkt in Deutschland auffällig verändert. Lag die Gesamtprogrammdauer damals noch bei nur vier Stunden pro Tag, wovon ca. 6-8 Minuten Werbung geschaltet wurden,[131] änderte spätestens die Einführung des dualen Rundfunksystems im Jahre 1987 die Voraussetzungen

---

126 Holdenried 1995, S. 89.
127 Zu den rechtlichen Rahmenbedingungen von Fernsehwerbung siehe Kapitel 2.4.4.2.
128 Brosius/Fahr 1998, S. 12.
129 Woelke 2004, S. 27; Haase 1981, S. 177.
130 Woelke 2004, S. 28-29.
131 Schmidt/Spieß 1994, S. 192. Zur Geschichte des Werbespots siehe auch: Korosides 2008, S. 70-73.

zungen entscheidend. Die privaten Sender finanzierten sich von nun an ausschließlich durch Werbeeinnahmen.[132] Sie schafften attraktive Sendezeiten nach 20 Uhr. Schnell entwickelte sich das Unterhaltungsprogramm zum geeigneten Umfeld für Werbeinseln.[133] Im Jahr 2007 wurden von den werbefinanzierten bundesweiten Fernseh-Programmanbietern 3,9 Millionen Werbespots mit einer Gesamtlänge von 1,45 Millionen Minuten gesendet. Fünf Jahre zuvor lag die Gesamtlänge noch bei unter einer Millionen Minuten. Die Dauer der Spots beträgt 2007 im Durchschnitt 23 Sekunden.[134]

2.4.4.2 Rechtliche Rahmenbedingungen

Rechtliche Rahmenbedingungen für Fernsehwerbung schaffen in Deutschland der Rundfunkstaatsvertrag sowie die EU-Fernsehrichtlinien. Im Rundfunkstaatsvertrag ist unter anderem festgelegt, dass der Anteil an Sendezeit für Werbespots im privaten Rundfunk 15 Prozent der täglichen Sendezeit nicht überschreiten darf. Innerhalb einer Stunde darf der Anteil der Sendezeit für Werbespots und Teleshopping-Spots 20 Prozent nicht überschreiten. Unterbrecherwerbung ist grundsätzlich erlaubt, zwischen zwei Unterbrechungen innerhalb einer Sendung müssen allerdings mindestens 20 Minuten liegen.[135] Im Jugendmedienschutz-Staatsvertrag ist ferner festgelegt, dass Werbung Kindern und Jugendlichen keinen körperlichen und seelischen Schaden zufügen darf. Werbung mit direkten Kaufappellen ist untersagt, sowie solche, die den Interessen von Kindern schadet oder deren Unerfahrenheit ausnutzt.[136]

Ferner dient (neben sendereigenen Richtlinien) der Deutsche Werberat seit 1972 als Selbstkontrollgremium der Branche. Im Jahrbuch des Rates sind Verhaltensregeln für Werbung mit und für Kinder in Hörfunk und Fernsehen aufgeführt. Demnach dürfen Kinder als Protagonisten unter anderem nicht besondere Vorteile eines Produkts aufzählen, wenn sie nicht den „natürlichen

---

[132] Siehe auch Holdenried 1995, S. 89; Aufenanger 1995b, S. 184.
[133] Brosius/Fahr 1998, S. 13; Schmidt/Spieß 1994, S. 225.
[134] ZAW 2008, S. 306.
[135] Die aktuellen rundfunkrechtlichen Staatsverträge aufgeführt in Reitze 2008, S. 21-22.
[136] Reitze 2008, S. 66-67.

Lebensäußerungen des Kindes“ [137] entsprechen. Werbung darf keine direkten Aufforderungen zum Kauf, auch nicht durch Dritte, enthalten, sie darf das Vertrauen, welches Kinder bestimmten Personen entgegenbringen nicht missbräuchlich ausnutzen und strafbare Handlungen nicht als nachahmenswert darstellen.

2.4.4.3 Kinder im Umgang mit Werbung

„Kinder lieben Werbespots“,[138] bekräftigt Ute Holdenried in ihrem Beitrag **Kleiner König Kunde**. Das mache es für Werbetreibende einfacher sie Kindern anzubieten. Auch Diessner bestätigt die kindliche Vorliebe für Werbung. Aufgrund des Humors und der Originalität habe sie einen hohen Unterhaltungswert.[139] Das Interesse an Werbung rühre unter anderem daher, dass Werbung als Teil der Kinderkultur für Produkte wirbt, die Kinder eben besonders ansprechen, begründet der medienpädagogische Forschungsverbund Südwest. Dabei handele es sich vor allem um Spielzeug, Süßigkeiten und Kleidung. Es wird allerdings darauf hingewiesen, dass Werbung nicht ausschließlich positiv aufgenommen wird, sondern auch ablehnende Reaktionen vonseiten der Kinder festzustellen sind.[140] Überwiegend wird allerdings eine positive Einstellung der Kinder konstatiert. Laut Kids Verbraucher Analyse 2008 finden Kinder Fernsehwerbung für Dinge, die sie interessieren 71 Prozent gut bis sehr gut.[141]

Zur Werbekompetenz von Kindern, dazu zählt vor allem die Fähigkeit werbliche Inhalte vom Programm zu unterscheiden, ist zunächst festzuhalten, dass sie primär vom Alter und dementsprechend vom kognitiven Entwicklungsstand der Kinder abhängt.[142] Diessner macht darauf aufmerksam, dass auch die Eltern in ihrer Vorbildfunktion bezüglich der Mediennutzung den Prozess beeinflussen: „Werbekompetenz ist unterschiedlich ausgeprägt und abhängig vom Alter,

---

137 Nickel 2008, S. 60.
138 Siehe auch Holdenried 1995, S. 87.
139 Diessner (Online-Artikel), ohne Jahresangabe.
140 Medienpädagogischer Forschungsverbund Südwest (Online-Dokument).
141 Vgl. Ergebnisse zur Akzeptanz von Werbung der Kids Verbraucher-Analyse (KVA) 2008 (Online-Dokument). Basis 5,73 Mio. 6 bis 13-Jährige.
142 Hierbei beziehe ich mich auf folgende Studien: Baacke 1993; Charlton 1995a+b; siehe dazu auch Aufenanger 1997.

vom Bildungsstand und sehr entscheidend, vom Einfluss der Eltern und deren Vorbild in der Mediennutzung."[143] Den Ausführungen von Aufenanger zufolge können Kinder unter 5 Jahren die Intention von Werbung kaum erfassen. Ab 7 Jahren wird ihnen bewusst, dass in Werbung etwas verkauft werden soll, wobei erst Kinder im Alter von 11-12 Jahren beginnen zu verstehen, dass sie selber als potenzielle Kunden angesprochen werden. Kinder im Vorschulalter (bis ca. 6-7 Jahre) sind den Studien zufolge noch nicht in der Lage, Werbung von Programm zu unterscheiden. In diesem Alter steht der Unterhaltungswert im Vordergrund. Besonders interessant sei Werbung für die Vorschüler, wenn sie stilistisch und inhaltlich dem Programm angepasst ist, betont Haase in diesem Zusammenhang.[144] Ab ca. 6-8 Jahren erwerben die jungen Konsumenten schließlich die Fähigkeit Werbung als solche zu erkennen. „Es ist insgesamt der Trend erkennbar, daß mit zunehmendem Alter Kinder immer besser zwischen Werbung und Programm differenzieren können."[145]

2.4.4.4 Besonderheiten von Kinderwerbespots

Im Folgenden geht es um die Ausstrahlung von Werbespots innerhalb des Kinderprogramms und darum, die Merkmale und Besonderheiten von Kinderwerbespots herauszustellen.

Das Kinderprogramm setzt sich nach Hoefer aus Programmteil (meist Zeichentrickserien), Moderation/Show/Quiz-Elementen, Vorspann, Abspann und Trailern zusammen.[146] Zur Ausstrahlung von Werbung innerhalb des Kinderprogramms der privaten Sender stellt Hoefer fest, dass die Werbeblöcke ca. alle 15-20 Minuten geschaltet werden, wobei sich an der Zusammensetzung der Spots kaum etwas ändere. Alle 15-20 Minuten sehen Kinder demnach die gleichen Spots, bei einzelnen Sendern sogar als Unterbrechung der einzelnen Programmteile (Serien, Filme etc.). Die ständige Wiederholung der Dialoge, Slogans und Jingles erzeuge schließlich einen Einhämmereffekt.

---

143 Diessner (Online-Artikel), ohne Jahresangabe.
144 Haase 1981, S. 179.
145 Charlton 1995a, S. 14.
146 Hoefer 1995, S. 109-110.

Wodurch zeichnet sich Kinderwerbung aus? Zunächst einmal durch die Produkte, für die geworben wird. Dabei handelt es sich um kinderspezifische Waren wie Spielzeug und Computerspiele, Süßigkeiten (auch Erfrischungsgetränke und Getreideprodukte) und Kleidung.[147]

Kommer unterscheidet drei verschiedene Varianten von Kinderwerbung. Typ A meint Spots, die sich ausschließlich an Kinder wenden, ohne, dass Kinder darin auftreten. Typ B umfasst alle Spots, die sich ausschließlich an Kinder wenden, und in denen Kinder auftreten. Mit Typ C benennt Kommer die Spots, in denen Kinder zwar auftreten, allerdings hauptsächlich Erwachsense angesprochen werden.[148] Für die nachstehende Analyse, in der es um Mädchen- und Jungenbilder geht, sind Spots von Interesse, die sich an Kinder richten, und in denen Kinder (als Protagonisten) mitspielen, also die des Typ B.

Durch welche gestalterischen Merkmale ist Kinderwerbung gekennzeichnet? Kinder werden in den Spots auf verschiedenen Ebenen angesprochen. Augen und Ohren bekommen gleichzeitig die Werbeinformationen zu sehen bzw. zu hören, was die Aufnahmefähigkeit erhöht. Dazu auch Holdenried: „Charakteristisch ist die inhaltliche Verbindung von visuellen und auditiven Informationsebenen, die die gleiche Information simultan auf verschiedenen Kanälen (Bild, Sprache, Ton, Musik) präsentieren.“[149] Die Autorin zählt weiterhin fiktionale und märchenhafte Elemente auf, die typisch für Kinderwerbung sind. Außerdem ist ihrer Meinung nach Kinderwerbung geprägt von visuellen Symbolen. Kinderkultur aus Filmen und Computerspielen (besonders Zeichentrick und Animation) werden häufig übernommen. Ebenso sorgen bekannte Personen oder Figuren aus dem Programmumfeld für einen besseren Wiedererkennungswert, erhöhte Aufmerksamkeit und eine bessere Informationsaufnahme. Die Spots kommen entweder in Form von Minispielfilmen oder aber in der Machart von Montage- oder Videoclips daher.[150] Dies alles erschwert es Kindern Werbung von Programm zu unterscheiden.

---

147 Vgl. Medienpädagogischer Forschungsverbund Südwest (Online-Dokument); Holdenried 1995; Hoefer 1995.
148 Vgl. Kommer 1996, S. 43; Böckelmann 1979.
149 Holdenried 1995, S. 95.
150 Holdenried 1995; S. 94-130.

Dass Werbung für Kinder oftmals die gleiche visuelle Dynamik und Ästhetik verfolgt wie erfolgreiche Unterhaltungsangebote (Musikvideos, PC-Spiele und Zeichentrickfilme), stellt auch Hoefer fest.[151] Dadurch, dass Kinderwerbung unterhaltsam sein muss, ist der Fantasie in den Spots kaum Grenzen gesetzt. „Mit dem Verzehr irgendwelcher Corn-Flakes bricht in den Spots das verrückte und pralle Leben los“[152], beschreibt er. Die Botschaft: Der Konsum von Werbung und den angepriesenen Produkten macht Spaß und bringt Action ins Haus.

Neben den bereits genannten Merkmalen nennt Lange zusätzlich die eingängigen Slogans und Jingles, die auffälligen und schnell zu erfassenden Kompositions-, Farb-, Schnitt- und Musikeffekte. Werbung wiederholt einfache und gleiche Handlungsabläufe, sie zeigt Kindern einen vertrauten Alltag ohne Konflikte. Dabei präsentiert sie Kinder als Identifikationsfiguren.[153]

Dass eine geschlechtsspezifische Ansprache für Kinderwerbung ebenfalls charakteristisch ist, wurde bereits im Kapitel zu Jungen- und Mädchenbildern in der Werbung deutlich.

2.5 Zwischenfazit

Aus dem bisher zusammengetragenen Forschungsstand ergeben sich folgende Erkenntnisse: Werbung, als eigenständiger Bereich der Massenmedien, konstruiert Wirklichkeit im weiten, Geschlecht im engeren Sinn. Für die folgenden Ausführungen nehme ich an, dass die Werbung kulturelle Diskurse transportiert, indem sie das Rollenverständnis von Mann und Frau bzw. Junge und Mädchen sowie dessen Veränderung aufgreift. Vor allem sehe ich den Einfluss der Werbung – der konstruierten Bilder – auf die Gesellschaft als gegeben. Die Allgegenwärtigkeit von Werbung verursacht, dass man sich ihr und ihrem Einfluss kaum mehr entziehen kann. Reklame begegnet uns heute immer und überall, handelt es sich um Radio- und Fernsehspots, Anzeigenschaltungen in Zeitung und Magazinen, um Poster

---

[151] Hoefer 1995, S. 102.
[152] Hoefer 1995, S. 104.
[153] Lange/Didszuweit 1997, S. 47.

und Leuchtreklamen auf der Straße, Freecards[154] in der Kneipe oder Online-Banner und Pop-Ups im Internet usw. Zumindest eine unbewusste Wahrnehmung bleibt hier nicht aus.[155] Hinzu kommen die oben genannten Verzerrungen, die im Zweifelsfall dazu führen, dass falsche Rückschlüsse auf die Wirklichkeit gezogen werden oder anders formuliert, künstliche (weil durch Werbung konstruierte) Vorstellungen von Realität Teil eben dieser werden.

Der vorliegenden Arbeit liegt also die konstruktivistische Annahme zugrunde, dass gesellschaftliche Normen nicht natürliche Zustände, sondern kulturelle Erzeugnisse sind. Demnach machen die Menschen als Akteure die Gesellschaft zu dem, was sie ist und gestalten die allgemeine Vorstellung vom Geschlechterverhältnis und Rollenverständnis mit.

Ferner ist Werbung in die Alltagskulturen von Kindern und Jugendlichen eingedrungen und damit ein fester Bestandteil von Sozialisation geworden.[156] Sozialisation verstehe ich weder als rein biologisch, noch ausschließlich soziokulturell determiniert. Vielmehr sehe ich menschliches Verhalten als Zusammenwirken von biologischen und kulturellen Faktoren.

---

[154] So genannte Freecards sind kostenlose Postkarten, die als Werbemittel z. B. in Geschäften, Gaststätten und Universitäten ausliegen.

[155] Zur Omnipräsenz von Werbung und ihrem Einfluss siehe auch Bergler/Pörzgen 1992, S. 9, 11, 15-16.

[156] Vgl. kulturtheoretischer Ansatz nach Baacke. Siehe u. a. Baacke 1997, S. 18.

3 Analyse von Kinderwerbespots

3.1 Präzisierung der Forschungsfragen

Die vorliegende Untersuchung verfolgt das Erkenntnisinteresse, das von der Werbung gezeichnete Jungen- und Mädchenbild vor dem Hintergrund von Geschlechterkonstruktionen zu analysieren. Dass Jungen und Mädchen, ebenso wie Erwachsene, in der Werbung (überdeutlich) geschlechtsspezifisch und traditionell dargestellt werden, ergab sich bereits aus den vorangegangenen Ausführungen im Theorieteil. Allerdings liegen die angeführten Studien bereits zehn Jahre zurück und es wurde bisher lediglich in jungen- und mädchenspezifische Spots unterteilt. Mit einer vertiefenden Analyse werden nun weitere Ausprägungen von Geschlechterklischees sichtbar gemacht und definiert.

Wie bereits erwähnt, stellt das Fernsehen das wichtigste Werbemedium für Kinder dar. Der Fernsehspot dient deshalb als Grundlage für die folgende Analyse. Es liegt die Vermutung nahe, dass Kinder besonders in Kinderwerbespots als Protagonisten eine Rolle spielen. Daraus ergibt sich die erste übergeordnete Forschungsfrage:

> ***1. Welche unterschiedlichen Ausprägungen von Geschlechterklischees werden in Kinderwerbespots konstruiert?***

Baacke zeigt mit seiner Untersuchung, dass bei Kinderwerbung eine nach Geschlechtern getrennte Zielgruppenansprache vorherrscht. Daraus ergeben sich für die vorliegende Studie folgende Unterfragen:

> *a. Welche unterschiedlichen Ausprägungen von männlichen Geschlechterklischees existieren in Spots, die sich vorrangig an Jungen richten?*
>
> *b. Welche unterschiedlichen Ausprägungen von weiblichen Geschlechterklischees existieren in Spots, die hauptsächlich Mädchen adressieren?*
>
> *c. Welche unterschiedlichen Ausprägungen von Geschlechterklischees gibt es bei Spots, die Jungen und Mädchen zur Zielgruppe haben?*

Nach Schmerl, Holdenried und Baacke werden Geschlechterklischees in Kinderwerbung nicht nur inhaltlich, sondern auch ästhetisch über die Machart der Spots vermittelt. Deshalb sind bei der Frage nach der Darstellungsweise von Geschlechterklischees die verschiedenen Sinneskanäle zu berücksichtigen. Die zweite Forschungsfrage und ihre drei Unterfragen lauten deshalb:

> ***2. Wie werden Geschlechterklischees in Kinderwerbespots kommuniziert?***
>
> *a. Inwiefern werden Geschlechterklischees inhaltlich vermittelt?*
>
> *b. Inwiefern werden Geschlechterklischees visuell vermittelt?*
>
> *c. Inwiefern werden Geschlechterklischees auditiv vermittelt?*

3.2 Methode

3.2.1 Qualitative Inhaltsanalyse

Die Wahl der Methode fällt auf die qualitative Inhaltsanalyse. Das Analysematerial dafür stellen Werbespots dar. Da es in dieser Untersuchung darum geht, Kinder in ihrer geschlechtlichen Darstellung auf verschiedenen Ebenen von Werbespots zu analysieren, bietet sich eine qualitative Vorgehensweise an. Diese ermöglicht es, komplexe Sachverhalte im Gesamtzusammenhang in den Blick zu nehmen, anstatt einzelne Aspekte isoliert voneinander zu betrachten, wie dies bei quantitativer Forschung der Fall ist. „Eines der Hauptschlagworte qualitativer Analyse ist, die volle Komplexität ihrer Gegenstände erfassen zu wollen, während quantitative Analyse ihren Gegenstand zerstückele, atomisiere, in einzelne Variablen zerteile und ihm auf diese Art seine eigene Bedeutung nehme.“[157]

Qualitative Forschung lehnt an den eingangs behandelten Konstruktivismus an. Je nach Forschungsansatz wird „mit unterschiedlicher Akzentuierung die Konstruktion sozialer Wirklichkeiten fokussiert“.[158] Die Annahme, Wahrnehmung ist kein passiv-rezeptiver Abbildungsprozess, sondern ein aktiver, konstruktiver Herstellungsprozess, hat für das wissenschaftliche Verständnis zur Folge, dass eine objektive Abbildung von Fakten nicht möglich ist. Die Analyse von

---

[157] Mayring 2008b, S. 18. Siehe auch Mayring 2008a; Mayring 2002.
[158] Flick 2005, S. 20.

Bedeutungen und Herstellungsleistungen der untersuchten Wirklichkeiten wird damit zur Priorität des Forschungsinteresses qualitativer Vorgehensweise.[159]

Nach Mayring bildet jegliche verbale und nonverbale Kommunikation das Untersuchungsmaterial einer Inhaltsanalyse. Dies umfasst also Symbole, die sowohl Text, als auch Bilder, Farben und Musik, Gestik und Mimik einschließen.[160] Dadurch, dass es sich bei Fernsehspots um audiovisuellen Inhalt handelt, ist es besonders von Interesse die verschiedenen Ebenen (Ton und Bild) zueinander in Bezug zu setzen und dadurch auch latente Sinnstrukturen herauszufiltern und greifbar zu machen. „Im Unterschied zur Beachtung von 'Frequenzen' in der quantifizierenden Inhaltsanalyse muss nach den Postulaten der ideologiekritischen Textanalyse neben der Betonung des Kontexts als übergreifendes Sinnmuster auch auf Latenzen, Singularitäten und Präsenzen geachtet werden."[161]

Einzelne Erkenntnisse zu geschlechtsspezifischen Aspekten in der Kinderwerbung liegen bereits vor. Die qualitative Inhaltsanalyse dient in diesem Fall dazu, die bisherigen Erkenntnisse weiterzuentwickeln und zwar, indem sie nicht bei der Einteilung in jungen- und mädchenspezifische Spots stehen bleibt, sondern das Material tief gehender klassifiziert, um bestimmte Typen herauszubilden. Nach Mayring gibt es verschiedene Aufgaben von qualitativer Analyse.[162] Im Zusammenhang der vorliegenden Arbeit dient die Analyse also zum einen der *Klassifizierung*, indem sie sich zum Ziel macht, verschiedene geschlechtsspezifische Ausprägungen von Kinderwerbespots zu entwickeln. Weiterhin handelt es sich um eine *Vertiefung* und zwar, indem ausgewählte Spots auf verschiedenen Ebenen eingehend analysiert werden.

Die Inhaltsanalyse nach Mayring ist ein systematisches Vorgehen, sie verläuft nach festgelegten Regeln (Regelgeleitetheit), damit Dritte die Analyse verstehen, nachvollziehen und überprüfen können (intersubjektive Nachprüfbarkeit). Sie ist theoriegeleitet, d. h., sie ist eingebettet in einen theoreti-

---

[159] Flick 2005, S. 20-23.
[160] Mayring 2008b, S. 12.
[161] Bonfadelli 2002, S 54. Ideologiekritische Textanalyse steht in diesem Zusammenhang für qualitative Analyse. Bonfadelli weist darauf hin, dass neomarxistische Medienwissenschaftler in den 1970er Jahren die qualitative Inhaltsanalyse als Instrument der Ideologiekritik weiterentwickelt haben. Hierzu auch Christmann 2006, S. 275-277.
[162] Mayring 2008b, S. 20-23.

schen Rahmen, in dem sie die Ergebnisse interpretiert. „Theoriegeleitet bedeutet dabei nicht Abheben von konkretem Material in Sphären der Unverständlichkeit, sondern heißt Anknüpfen an den Erfahrungen anderer mit dem zu untersuchenden Gegenstand."[163]

Lamnek unterstreicht in seinen Ausführungen den interpretativen Gehalt von Inhaltsanalysen. Ihm zufolge dient die Inhaltsanalyse „im qualitativen Paradigma der Auswertung bereits erhobenen Materials. Sie dient der Interpretation symbolisch-kommunikativ vermittelter Interaktion in einem wissenschaftlichen Diskurs"[164]. Gegenstand der Analyse sind nicht aktuelle Handlungen, sondern aufgezeichnete Kommunikation in Form von Text, Video- oder Tonbändern.[165] Die Analyse von Filmmaterial hat seiner Meinung nach den Vorteil, dass nonverbale Kommunikation mit einbezogen wird. „Der Rückgriff auf diese Art von Material [Fernsehen, Video, Kino] bringt den Vorteil mit sich, die Analyse nicht auf die verbale Kommunikation abstellen zu müssen, sondern Mimik und Gestik, Körperhaltung und Intonation bei der Untersuchung mit berücksichtigen zu können."[166]

Die notwendige Verschränkung der verschiedenen Analyseebenen stellt auch Helmut Korte aus filmwissenschaftlicher Perspektive heraus. Entweder ergänzen sich auditive und visuelle Botschaft, oder aber sie heben sich gegenseitig auf. „Filme oder auch Fernsehsendungen vermitteln ihre Botschaft bekanntlich über das Bild bzw. Bildfolgen und über den Ton (Dialoge, Musik, Geräusche), wobei die auditiv gegebenen Informationen die visuellen ergänzen und effektvoll unterstreichen oder auch konterkarieren, ironisch oder ahnungsvoll zuspitzen können."[167] Nicht nur durch die Handlung und die Aktion der Akteure, sondern auch über den Schnittrhythmus, die Kameratechnik, die Bildkomposition und den Toneinsatz würde die Aufmerksamkeit des Betrachters erzeugt und gelenkt. Deshalb ist es für die Analyse der Spots von Bedeutung, die Elemente der filmischen Gestaltung zu berücksichtigen.

Der vorliegenden Untersuchung liegt das methodische Vorgehen nach Mayring zugrunde. In Bezug auf das audiovisuelle Analysematerial sind Modifikationen und Ergänzungen nötig. Der Ansatz von Mayring ist zwar am

---

[163] Mayring 2008b, S. 12.
[164] Lamnek 2005, S 480.
[165] Lamnek 2005, S 486.
[166] Lamnek 2005, S 491.
[167] Korte 2004, S. 15.

weitesten ausgearbeitet, allerdings ist er im Detail lediglich für Interviews entwickelt, „[s]pezielle inhaltsanalytische Verfahren für (film-) bildliche, musikalische oder plastische Daten liegen jedoch nicht vor." [168] Um den wissenschaftlichen Ansprüchen nach Regelgeleitetheit sowie intersubjektiver Nachprüfbarkeit bei der Analyse der Fernsehspots gerecht zu werden, ergänzen Analysetechniken aus der systematischen Filmanalyse die Methode. Mit *systematisch* ist eine methodisch kontrollierte Vorgehensweise gemeint. Korte weist zwar darauf hin, dass ein „intersubjektiver Endzustand" nicht möglich ist, Ziel der Analyse jedoch sei „schrittweise zu argumentativ nachvollziehbaren Aussagen zu gelangen". [169]

3.2.2 Operationalisierung

Nachdem das Erkenntnisinteresse dargelegt ist und die Forschungsfragen ausformuliert sind, folgt die Festlegung der Arbeitsschritte für die qualitative Inhaltsanalyse. Das konkrete Ablaufmodell der Untersuchung gliedert sich wie folgt:

1. Datenbasis definieren
2. Stichprobe bilden
3. Spots klassifizieren
4. Spots für Analyse auswählen
5. Analysedimensionen festlegen
6. Prägnante Spots analysieren
7. Schlussfolgerungen ziehen

3.2.2.1 Datenbasis und Stichprobe

Für die Analyse von Kinderbildern in der Werbung liegt es nahe, Spots zu betrachten, in denen Kinder abgebildet und angesprochen werden. Um möglichst viele dieser Spots mit den Aufnahmen einer Woche einzufangen, wurde das wöchentliche Kinderprogramm der privaten Sender aufgezeichnet. Die erste Stichprobe der Untersuchung ergibt sich aus den Aufnahmen des

---

168 Christmann 2006, S. 277.
169 Korte 2004, S. 26.

Kinderprogramms der Sender *Kabel Eins, RTL, RTL II, Super RTL* und *Tele 5* in der Kalenderwoche 46/2008 (vom 10.11.-16.11.2008).

Mit Kinderprogramm sind Sendezeiten gemeint, zu denen speziell an Kinder (im Alter von 3 bis 13 Jahren) gerichtete Sendungen ausgestrahlt werden. Hierunter fallen zunächst die reinen Kindersender, von denen es aktuell drei gibt: KIKA, Super RTL und Nick. Bei KIKA handelt es sich jedoch um einen öffentlich-rechtlichen Sender, bei dem keine Werbung ausgestrahlt wird. Er ist folglich nicht Teil der Analyse. Der Sender NICK wurde deshalb nicht mit einbezogen, weil er nur in Teilen der Bundesrepublik (über Kabel) zu empfangen ist. Super RTL wurde nicht ganztägig, sondern wochentags drei und am Wochenende vier Stunden lang aufgezeichnet, weil sich die einzelnen Spots in den Werbeblöcken mehrmals täglich wiederholen.

Für die Kanäle, die sich an ein altersunabhängiges Publikum richten, kamen zwei Wege infrage, das Kinderprogramm festzumachen. Entweder es war als solches von der TV-Zeitschrift TV Today ausgeschrieben (in KW 46 war dies nur bei RTL und Kabel Eins am Wochenende der Fall) oder die Altersempfehlungen der Programmzeitschrift dienten als Indikator für ausgestrahltes Kinderprogramm (RTL II und Tele 5 sendeten nachmittags Zeichentrickserien für die genannte Altersgruppe).[170] Der exakte Aufnahmeplan ist im Anhang (A1) des Buches abgebildet.

Für die Stichprobe kamen zunächst alle Spots infrage, die innerhalb der vom Programm abgegrenzten Blöcke gesendet wurden.[171] Aus den erfolgten Aufnahmen wurde das Programm raus geschnitten. Weiterhin wurden die Werbefilme darauf hin untersucht, ob sie erstens Produktwerbung für Kinder enthalten und zweitens, ob Kinder zu sehen sind. Wiederholungen blieben unberücksichtigt. Spots, in denen Kinder und Erwachsene dargestellt sind, sind Teil der ersten Stichprobe, allerdings bleiben die erwachsenen Protagonisten in der Analyse unbeachtet.

---

[170] Insgesamt handelt es sich bei dem aufgezeichneten Programm größtenteils um Zeichentrickserien.

[171] So genannte Separators kündigen in der Regel den Wechsel zwischen Programm und Werbeblock an. Weitere Werbeformen wie Sponsoring, Splitscreen, Exklusiv- oder Dauerwerbesendungen (Infomercials), Productplacement usw. finden in vorliegender Analyse keine Beachtung. Zu den einzelnen Werbeformen siehe auch Woelke 2004, S. 27-46.

Da in der Vorweihnachtszeit mehr Werbung für Kinder ausgestrahlt wird, als dies zu den übrigen Jahreszeiten der Fall ist, eignete sich die Novemberwoche besonders gut für die Aufnahmen.[172] Die erste Betrachtung der Spots ergab allerdings, dass ab dem dritten Aufnahmetag nur noch wenige neue hinzukamen. Von insgesamt 89 Spots, welche die erste Stichprobe bilden, wurden bereits 76 Spots an den ersten beiden Aufnahmetagen erstmalig ausgestrahlt.

3.2.2.2 Klassifizierung

Die Klassifizierung der gesamten Stichprobe dient der Beantwortung der ersten Forschungsfrage nach den Ausprägungen von Geschlechterklischees in der Fernsehwerbung. Ziel der Klassifizierung ist es also Spottypen zu bilden, welche die verschiedenen Geschlechterklischees in der Werbung widerspiegeln.

Als erste Gliederungsebene dient das Geschlechtervorkommen. Es wird überprüft, ob Mädchen, Jungen oder beide Geschlechter im Spot eine Rolle spielen. Es ist davon auszugehen, dass die Spots je zielgruppenspezifische Protagonisten haben, sich folglich Spots, in denen Jungen mitspielen, auch überwiegend an Jungen richten. Das gleiche gilt für Spots mit Mädchen und solche, die beide Geschlechter darstellen.

Im nächsten Schritt werden induktiv, d. h. aus dem Material heraus, Spottypen gebildet, die sich nicht nur aus der Produktkategorie, sondern auch aus der Werbung an sich ergeben (verwendete Motive, Schlagwörter usw.). Die Entscheidung bei der Kategorienbildung induktiv vorzugehen, beruht vor allem darauf, dass so keine Kategorien entstehen, die nicht existieren. Es wird verhindert, dass den Spots bereits bestehende Annahmen über Geschlecht auferlegt werden. Ferner ist es nach Bildung der Kategorien möglich, prägnante Einzelfälle zu betrachten und daraus Rückschlüsse für die gesamte Kategorie zu ziehen.

[172] Aufenanger 1995c.

Für alle Spots werden folgende Angaben schriftlich fixiert, aus denen sich schließlich die Einteilung in Typen ergibt:

- Produkt (Wie heißt das Produkt?)
- Produktbeschreibung (Wozu dient das Produkt?)
- Text (Welche Schlagwörter werden genannt?)
- Bildinformation (Was zeigt der Spot im Wesentlichen?)

Bei der Bezeichnung der Kategorien ist zu beachten, dass sie die Hauptaussage des Spots wiedergeben sollen. Also das vermitteln, wofür das Produkt laut Werbung steht und wozu es dient. Folgende Leitfragen sind für die Bildung der Kategorien zu nennen: Wozu benutzen die Protagonisten das Produkt im Spot? Und: Was erleben die Protagonisten mit dem Produkt?

Zur Veranschaulichung dient das folgende Beispiel: Mit dem Produkt *Paper Creation* basteln Mädchen Taschen und Schmuck. Sie designen und produzieren. Es geht um Trends, Mode und Accessoires. Die Spotkategorie lautet deshalb *Design & Styling*.

Die textliche und visuelle Darstellung des Produktes haben bei der Einteilung in Spottypen mehr Gewicht als der Name und die Produktkategorie. Diese Information ist deshalb von Bedeutung, weil die beiden Letztgenannten oftmals einen anderen Eindruck über den Zweck des Produkts erwecken, als durch den Spot vermittelt wird.

Hierzu erneut das Beispiel Paper Creation: Für das Bastelset sind ohne Berücksichtigung von textlicher und bildlicher Information zunächst mehrere Kategorien denkbar. Handelt es sich doch um Hilfsmittel zum Basteln (Paper) und Gestalten (Creation) liegt die Kategorie *Handwerk/Technik* ebenso nahe wie *Design*. Text und Bild übermitteln allerdings die Informationen, die deutlich machen, dass es sich um ein Produkt für Mädchen handelt, mit dem Mode, Taschen und Schmuck kreiert wird.

Aus den Spots, die sich eindeutig der gleichen Kategorie zuordnen lassen, ergeben sich schließlich verschiedene *Spottypen*. Zur Beantwortung der ersten Forschungsfrage lässt sich aus diesen ableiten, welche Geschlechterklischees in Jungen-, Mädchen- und gemeinsamen Spots vorherrschen.

3.2.2.3 Auswahl der Spots

Aus den eindeutigen Kategorien dient jeweils ein prägnantes Beispiel als Grundlage für die qualitative Analyse. Unter eindeutig fallen die Kategorien, in die nach oben beschriebenen Verfahren mindestens fünf Spots eingeteilt werden können. Als prägnant gilt ein Spot, wenn er die für die Kategorie typischen Merkmale in Bild und Ton aufweist. Kommen danach mehrere Spots infrage, fällt die Entscheidung auf den auffälligsten je Kategorie.

3.2.2.4 Analysedimensionen

Zur Beantwortung der zweiten Forschungsfrage werden die ausgewählten Spots dahin gehend analysiert, wie sie über Inhalt, Bild und Ton das jeweilige Geschlechterklischee vermitteln. Dafür sind die exakten Dimensionen und Subdimensionen festzulegen, die bei der qualitativen Betrachtung der ausgewählten Spots analysiert werden sollen. Die übergeordneten Analysedimensionen ergeben sich aus der Forschungsfrage und lauten entsprechend Inhalt, Bild und Ton.

Unter Inhalt fallen die Dimensionen Produkt, Handlung und Text. Es wird zunächst nach der Produktbezeichnung, der Kategorie und dem Hersteller gefragt. Anschließend geht es um die Handlung im Spot, also darum, was dar- und nachgestellt wird sowie welche Rolle die Protagonisten dabei spielen. Ferner geht es um den Inhalt, der durch den Text transportiert wird, es wird unterschieden in Off-Sprecher-Text, Protagonisten-Text und Liedtext.

Dem Bild kommt bei der Übermittlung der Botschaft eine große Bedeutung zu. Das Produkt, die Protagonisten, der Hintergrund und die Kameratechnik stellen hier die Dimensionen dar. Nach Produktaussehen und -präsentation werden die Protagonisten charakterisiert. Farben, Symbole und Effekte bilden die Subdimensionen für den Hintergrund. In Bezug auf die Kameratechnik interessieren Einstellungsgröße, Perspektiven, die Bewegung und Schnitttechnik.

Beim Ton stellen die Stimmen, die Musik und Hintergrundgeräusche die Analysedimensionen dar. Zu unterscheiden sind die Stimmen der Protagonisten und Off-Sprecher bzw. Sänger. Die Musik kann den Spot im Hintergrund begleiten oder aber dominieren. Bezüglich der Geräusche stellt sich die Frage nach Art und Lautstärkeverhältnis.

3.2.2.5 Fragenkatalog und Einstellungsprotokoll

Die jeweiligen Dimensionen und Subdimensionen bilden einen Fragenkatalog, der eine systematische Beantwortung erleichtert. Das exakte Analyseinstrument ist im Anhang A2 abgebildet. Als Analysehilfe wird zu jedem Spot ein sogenanntes Einstellungsprotokoll nach Korte erstellt. Dieses umfasst eine fortlaufende Nummerierung der einzelnen Einstellungen, ihre Länge in Sekunden, die Kameraaktivitäten sowie die Beschreibung des Bildinhalts und Tontrakts.[173]

3.2.3 Methodische Probleme

Methodische Schwierigkeiten entstanden zunächst bei der Klassifizierung bzw. Kategorienbildung. Überwiegend fällt die Einteilung in Spot-Gruppen zwar eindeutig aus, allerdings gibt es auch Fälle, in denen die Grenze zwischen der einen und anderen Kategorie sehr schmal ist. Ist ein Produkt zum Basteln eher Handwerk und damit Technik oder aber Design zuzuordnen? Im Falle von Entscheidungsschwierigkeiten wurden deshalb zusätzlich Ton- und Bildinhalte herangezogen (siehe Kapitel 3.2.2.2). Es ist also wichtig erneut darauf hinzuweisen, dass die Einteilung nicht primär nach Produkt

---

[173] Korte 2004, S. 45-47. Unter Einstellung versteht man eine einzelne ununterbrochene Film-aufnahme. Es ist darauf hinzuweisen, dass eine solche Transkription immer mit einem Informationsverlust einhergeht und nicht ausschließlich die Analysebasis darstellen kann.

stattfand, sondern danach, welche Aussage der Spot über das Produkt und seinen Nutzen für den Besitzer übermittelt.

Zweites Problem stellt die Spotauswahl für die Detailanalyse dar. Es gibt eine Reihe von Kriterien, die dafür sprechen können, den einen oder anderen Spot als Einzelfallbeispiel für die gesamte Kategorie zu betrachten. Um zu einer nachvollziehbaren Bestimmung zu kommen, ist die erste Grundvoraussetzung, dass der Spot die für die Kategorie charakteristischen Merkmale in Bild *und* Ton enthält. Erfüllen allerdings mehrere Spots diese Bedingung, wird der auffälligste analysiert. Diese Entscheidung liegt im Ermessen des Betrachters und variiert möglicherweise je nach Analyst.

3.3 Analyse

3.3.1 Spotkategorien

Die verschiedenen Ausprägungen von Geschlechterklischees werden sichtbar durch die Aufteilung in Kategorien. Je Spottyp werden den Geschlechtern unterschiedliche Themengebiete, Eigenschaften oder äußerliche Merkmale zugeschrieben, aus denen sich schließlich ein Geschlechterstereotyp ergibt. Bei der Aufteilung der Spots nach Geschlecht entsteht zunächst folgendes quantitatives Verhältnis zur Präsenz von Jungen und Mädchen in der Werbung: In 20 von 89 Spots sind ausschließlich Jungen abgebildet. 31 Spots stellen nur Mädchen dar und in 38 Fällen sind beide Geschlechter vertreten. Überwiegend richtet sich die Werbung folglich entweder an Jungen oder an Mädchen. In dieser Stichprobe gibt es mehr mädchen- als jungenspezifische Spots.

3.3.1.1 Jungenspots

Die Spots, in denen ausschließlich Jungen abgebildet sind, können mit je zehn an der Zahl den beiden Kategorien Kraftfahrzeuge & Technik und Abenteuer & Kampf zugeordnet werden.

Die Kategorie Kraftfahrzeuge & Technik enthält ausschließlich Spots, in denen es um technisches Spielzeug und jegliche Form von Fuhrwerken geht. Überwiegend handelt es sich um Kraftfahrzeuge (in 6 von 10 Spots). Produkte stellen vor allem ferngesteuerte Autos, Geländewagen oder Fluggeräte und Eisenbahnen dar (in 9 von 10 Fällen). Lediglich in einem der Spots wird für eine Werkbank für Kinder geworben. In der textlichen und bildlichen Darstellung lassen sich die Spots allerdings in zwei Untergruppen gliedern. Bei insgesamt vier der Spots sind es mehr technische Details, die besonders hervorgehoben werden. Bei den beiden Eisenbahn-Spots sind es die Maschinengeräusche und Stationsbeleuchtung, bei Dragonfly und Bladestar die echten Flugbewegungen, auf die der Off-Sprecher hinweist. Die Werbung für Bosch Minis, der Werkbank für Kinder, verspricht mit viel Werkzeug aus den Kindern richtige Handwerker zu machen. Alle hier zusammengeführten Spots sind von der Machart her eher ruhig und übersichtlich. Bis auf das Flugspielzeug Dragonfly von Wow Wee werden die Produkte von sehr jungen Protagonisten präsentiert.

Die zweite Untergruppe stellt weniger die Technik, als vielmehr die Einsatzfähigkeit, Größe und Geschwindigkeit der Produkte heraus. Es handelt sich ausschließlich um Fahrzeuge, also Autos, Geländewagen oder Trucks, die ferngesteuert funktionieren oder eigenständig aufgebaut werden müssen. In allen Spots geht es um Action, heiße Stunts oder Power-Functions. Es fällt bereits bei der ersten Durchsicht der Werbung auf, dass sich diese Spots von der Machart her von den Technik-Spots unterscheiden. Der Off-Sprecher spricht aufgeregt, schnell und laut. Die Spots sind effektreicher und häufiger geschnitten. Wobei nicht alle Spots den Eindruck gleichermaßen über Bild und Ton vermitteln. Besonders bei einer jüngeren Zielgruppe, wie dies überwiegend auch bei den Technik-Spots der Fall ist, ist die bildliche Machart ruhiger. So verspricht der Text über Bob der Baumeister Sprinti pure Action, während der Spot an sich einen Jungen abbildet, der auf dem Küchenboden vor seiner Mutter mit seinem Auto spielt. Im Gegensatz dazu stehen die Spots von Lego Technic, die mit vielen Effekten ausgestattet sind und mit zum Teil drei Fenstern in einem Bildschirm einen deutlich aufregenderen Eindruck vermitteln.

Die Spot-Gruppe Abenteuer & Kampf zeichnet sich dadurch aus, dass es in jedem Werbefilm darum geht ein Abenteuer zu erleben oder einen Kampf zu bestehen. Oftmals geht beides miteinander einher. Es müssen Grabräuber abgewehrt, Gangster oder Monster geschnappt und besiegt werden. In fünf Fällen handelt es sich um Spielwelten, die beworben werden, etwa eine Polizeistation oder ein Piratenschiff von Playmobil. Aber auch der Volcano Shoot-Out von Hot Wheels, ein feuerspuckendes Vulkanmonster, oder die Raumstation Disney Pixar Axiom Station fallen darunter. Bei drei weiteren Produkten handelt es sich um digitales Spielzeug, d. h. mobile Spielkonsolen. Hierbei verwandelt sich der Spieler virtuell in ein Alien, einen Pokémon-Trainer oder Monsterjäger. Immer wieder wird die Wettbewerbssituation betont, dass sich Freunde zusammenschließen und gegeneinander spielen können. Mit Helmet Hereos und dem Star Wars Voice Changer handelt es sich jeweils um eine Plastikausrüstung für Polizisten, Rennfahrer und Klonkrieger, die Heldentum bzw. Macht verspricht.

3.3.1.2 Mädchenspots

Gut ein Drittel der Stichprobe sind Spots, in denen ausschließlich Mädchen abgebildet sind. Anders als bei den Jungenspots, die sich auf zwei Themen gebiete eingrenzen lassen, werden in den insgesamt 31 Spots eine ganze Reihe von inhaltlichen Aspekten angesprochen, die dem jungen weiblichen Geschlecht zugeordnet sind. Aus der Klassifizierung ergeben sich vor allem drei eindeutige Spottypen (mit mindestens fünf zutreffenden Spots) und eine Gruppe, die unter Sonstiges verschiedene, nicht so häufig vertretene Klischees enthält.

Insgesamt sieben Spots bilden die Kategorie Design & Styling. Die Produktpalette umfasst Puppen, die frisiert werden, Bastelsets, mit denen Mode, Schmuck und Dekoration kreiert werden, aber auch digitale Spiele für den PC oder mobile Spielkonsolen, in denen es darum geht Outfits zusammenzustellen oder das äußere Erscheinungsbild per Bildbearbeitung zu verändern, und so die Haarfarbe zu wechseln oder Schminke aufzutragen. Eigene Ideen und Kreativität sind bei all diesen Spielen gefragt. Das Ergebnis sollte in erster Linie cool sein. Das suggerieren zumindest die Spots, in denen von coolen Sachen, coolen Überraschungen und coolen Outfits die Rede ist.

Das Mädchen in der Rolle der Puppenmutter wird in sieben der 31 Spots dargestellt. Bei den Puppenspots fällt besonders auf, wie sehr sie sich ähneln. Bis auf einen Spot, der von einem fröhlichen und lustigen Lied begleitet wird, sind es ruhige und besänftigende Melodien und Texte, welche von mütterlicher Fürsorge handeln. In allen Spots kümmern sich die Protagonistinnen liebevoll um ihre Puppenbabys, geben ihnen Namen, gehen mit ihnen spazieren, kämmen ihnen die Haare oder füttern sie. Eine Erklärung für die Homogenität der Werbungen liefert ein Blick auf die Herstellerliste. Bis auf eine sind alle Puppen von Zapf Creation auf den Markt gebracht.

In weiteren fünf Spots dreht sich alles um Prinzessinnen, Schlösser oder bekannte Märchenfiguren. Sie bilden die Kategorie Märchen & Fantasie. Ausnahmslos handelt es sich bei den beworbenen Figuren um Barbie ähnliche Spielfiguren oder passendes Zubehör. Drei der Spots sind an den Film Barbie und das Diamantschloss angelehnt, was ihre Ähnlichkeit erklärt. Bei der Eisprinzessin handelt es sich ebenfalls um ein Barbie-Original von Mattel. In dieser Werbung werden abwechselnd die Protagonisten und die Barbiepuppe (animiert) beim Eiskunstlauf gezeigt. Bei den bisher aufgeführten Spots handelt es sich um eine märchenhafte und magische Welt voller Glitzer und Glamour. Der Spot der Firma Simba bewirbt die Märchenfigur Schneewittchen und ihre sieben Zwerge.

Die restlichen elf Mädchenspots behandeln eine Vielzahl von weiteren typisch weiblichen Klischees, die aufgrund ihres geringen Vorkommens aber keine eigene Gruppe bilden. Es geht einerseits um Spielszenarien, die das alltägliche Leben nachspielen (Playmobil Wohnhaus und Playmobil Krankenhaus). Hierbei geht es um Haushalt und Pflege. Andererseits werden Werte wie Schönheit und Luxus mit Mädchen in Verbindung gebracht. Oder aber es geht um die Liebe zu Tieren. Pferde nehmen dabei einen besonderen Stellenwert ein.

3.3.1.3 Gemeinsame Spots

Bei den Spots, in denen Mädchen und Jungen gemeinsam dargestellt sind, lassen sich neben einer größeren gemischten Gruppe zwei weitere Kategorien ausmachen. Zum einen sind es insgesamt 13 der 38 Spots, die Familien darstellen, entweder mit Vater und Mutter oder nur einem Elternteil. Größtenteils werden auf diese Weise Gesellschaftsspiele beworben, entweder Brett- bzw. Kartenspiele oder aber solche für den PC oder die Spielkonsole. Folglich ist im Spot mindestens ein Elternteil als Aufpasser oder Mitspieler abgebildet. Die zweite separate Kategorie bilden Spots, in denen mehrere Jungen und/oder Mädchen gemeinsam gezeigt werden (Kategorie Freunde). In fünf dieser insgesamt neun Spots ist das Produkt ein Lebensmittel. Allesamt handeln davon, dass die Kinder zusammen Spaß haben (Backspaß mit Hello Kitty oder Robby Bubble) oder ein Abenteuer erleben (Actimel, Nesquik). In den übrigen 16 Spots sind es oftmals Produkte für eine sehr junge Zielgruppe, die vorgestellt werden. Oder es sind Artikel, die keinem Geschlecht direkt zuzuordnen sind, so wie Adventskalender, Zirkusspielwelten und Lerncomputer.

3.3.2 Systematische Spotanalyse

Sieben Spots werden im Folgenden systematisch analysiert, um zu untersuchen, inwiefern die jeweiligen Geschlechterrollen inhaltlich, visuell und auditiv vermittelt werden. Die Wahl nach der angegebenen Vorgehensweise (siehe Kapitel 3.2.2.3), fiel auf folgende Spots:

Produkt	**Beschreibung**	**Firma**	**Geschlechterrolle**
Lego Technic Geländewagen	Geländewagen zum selber aufbauen	Lego	Der Techniker
Hot Wheels Vulkan Blaster	Zubehör für Spielzeugautos	Mattel	Der Kämpfer
Girl Tech Styling Studio	Kamera mit PC-Software	Mattel	Die Stylistin
Chou Chou Mami, mein erster Zahn	Puppe	Zapf Creation	Die Puppenmutter
Barbie Prinzessinnen	Barbiepuppen	Mattel	Die Prinzessin
Danone Actimel	Frühstücksgetränk	Danone	Unter Freunden
Nintendo Wii Family Trainer	Videospiel	Atari	In der Familie

Darstellung 1: Übersicht der Spotauswahl für die systematische Analyse

3.3.2.1 Lego Technic Großer Geländewagen

Im Spot des Lego Technic Großer Geländewagen präsentieren ein Junge als Protagonist und der Off-Sprecher ein Modell aus der Lego Technic Reihe. Die Technic Serie von Lego wirbt mit dem Slogan *Technic… wie in echt* und richtet sich aufgrund der technischen Einbauelemente, wie Zahnräder, Motoren und Lichtquellen, vornehmlich an ältere Kinder (ab 8-10 Jahre). Nach oben hin ist das Alter der Zielgruppe offen, auch Jugendliche und Erwachsene werden angesprochen. Das beworbene Spielzeugprodukt im Spot ist ein Geländewagen zum Zusammenbauen. Es enthält einen 8-Zylinder Motor, bewegliche Kolben, eine motorisierte Seilwinde sowie LED-Lichter. Auf der Verpackung des beschriebenen Modells wird eine Altersspanne zwischen elf und 16 Jahren empfohlen.

Der Protagonist erscheint im Spot komplett lediglich in den ersten 2,5 Sekunden, in der ersten Einstellung. Er wirft den Geländewagen Richtung Kamera und hat keinen Text. Anschließend sind lediglich seine Hände im Bild zu sehen, die etwas demonstrieren. Der Off-Sprecher stellt die Funktionen des Produktes vor und begleitet die Bildfolgen, in denen der Wagen präsentiert wird.

Der Text des Off-Sprechers lautet: „Bist du bereit? Für den neuen großen Geländewagen von Lego Technic. Mit Power Functions. Riesige Reifen, höhenverstellbares Fahrwerk, echte Scheinwerfer und Powerwinde. Echt Stark! Der neue große Geländewagen von Lego Technic.“ Dieser Wortlaut umfasst insgesamt 31 Wörter. Sechs davon betonen *Größe* und *Stärke* (zweimal groß, einmal riesig, einmal stark, zweimal Power). Das Adjektiv *groß* ist in beiden Fällen Teil der Produktbezeichnung *Großer Geländewagen*. Beide Begriffe, die mit Power verknüpft sind, sprechen gleichzeitig auch technische Bestandteile des Geländewagens an (Power Functions und Powerwinde), ebenso beziehen sich Reifen, Fahrwerk und Scheinwerfer auf die technische Produktausstattung. Die direkte Ansprache im ersten Satz richtet sich nur auf den ersten Blick an den Protagonisten im Spot, was dadurch suggeriert wird, dass er im Bild ist, wenn der Off-Sprecher fragt, ob er bereit sei. Zudem ist wahrscheinlich, dass der Junge die Hauptzielgruppe des Produktes repräsentiert. Allerdings wird bei genauerem Hinsehen deutlich, dass es vielmehr die Gedanken des Jungen sind, die der Off-Sprecher äußert (siehe Bildanalyse des Protagonisten weiter unten).

Auf die gestellte Frage erwartet der Off-Sprecher keine Antwort, es handelt sich um ein rhetorisches Mittel, um die Aufmerksamkeit des Publikums gleich zu Beginn des Spots zu erregen. Die Frage appelliert an die Neugier der jungen Konsumenten. Bereit sein für was? – Eine fast reflexartige Gegenfrage, die sich dem Publikum stellt. Die Antwort darauf gibt der Off-Sprecher unmittelbar im Anschluss. So kann die Eingangsfrage vielmehr als Herausforderung verstanden werden, sich zum einen mit der Größe und Stärke des Geländewagens zu messen, sich zum anderen mit den technischen Möglichkeiten auseinanderzusetzen, die der Wagen bietet. Dadurch, dass die Frage in der zweiten Person Singular formuliert ist, fühlt sich jeder Einzelne persönlich angesprochen.

Bild

Text und Bild sind im Spot genau aufeinander abgestimmt. D. h. was der Off-Sprecher über das Produkt sagt wird auch bildlich wiedergegeben. Dies zeigt das Einstellungsprotokoll zum Spot, welches neben Kameratechnik und Sekunden auch den Bild- und Toninhalt verzeichnet. So gehen beispielsweise in Einstellung 9 die Scheinwerfer des Wagens in dem Moment an, in dem der Off-Sprecher sie aufzählt.

Der Geländewagen ist bis auf wenig Orange komplett schwarz-grau gehalten. Er kommt dunkel, fast düster daher. Die großen Reifen stechen optisch hervor, was mit der textlichen Beschreibung über die riesigen Reifen einhergeht. Der Wagen wird mehrfach in Verbindung mit den Händen des Jungen dargestellt. Verhältnismäßig wirkt der Wagen zu Daumen und Zeigefinger wuchtig und geräumig.

Der Protagonist ist ein Junge von ca. zehn Jahren. Er hat blonde strubbelige Haare, ein schmales Gesicht und ist von dünner Statur. Er trägt eine graue Kapuzenjacke und ein rotes T-Shirt darunter. Ferner ist der Junge mit einer schwarzen Jeans und Turnschuhen bekleidet. Seinen Kopf hat er leicht nach hinten geneigt, er schaut von oben herab Richtung Kamera. Es scheint als hätte er sich bereits der zuvor beschriebenen Herausforderung gestellt und sie bestanden. Er wirft seinen fertig zusammengebauten Geländewagen dem Publikum mit erhabenem Ausdruck entgegen. Dabei ist er im Bild mittig, doch eher im Hintergrund positioniert. Vor ihm ist der Lego Technic Schriftzug eingeblendet, den das Auto im hohen Bogen überfliegt. Nur in den ersten Millisekunden ist der Junge deutlich zu sehen. Sobald der Geländewagen auf das Publikum zukommt, wird er unscharf und der Fokus liegt auf dem Produkt selbst. Dass der Junge im Spot dennoch eine wichtige Rolle spielt, verdeutlicht das Spotlight, welches ihn von oben anstrahlt. Dabei bewirken die Lichtverhältnisse, dass er inmitten eines erleuchteten Kegelstumpfs zu stehen scheint. Dies bietet mehrere Interpretationsansätze. Zum einen deutet diese Positionierung auf seine bereits bestandene Aufgabe hin, auf seine besondere Fähigkeit, die der Aufbau des Wagens erfordert und die es für das Zielpublikum noch unter Beweis zu stellen gilt. Der Lichteinfall von oben steht somit für die Erleuchtung im Sinne einer intellektuellen Erkenntnis. Ebenso ist in der besonderen Stellung des Jungen und seiner Körperhaltung Kampfbereitschaft zu sehen. Er ist mutig genug sich der Größe und Stärke des Geländewagens zu stellen und hebt sich damit von der breiten Masse ab. Dieser Eindruck wird durch die leichte Froschperspektive, die das Publikum einnimmt, noch verstärkt. Es schaut dem Protagonisten mit Respekt von unten her entgegen.

Der gesamte Hintergrund ist schlicht und dunkel gehalten. Indirekte Beleuchtung in grün-blauem Licht erzeugt eine nächtliche, beinahe kosmische Stimmung. Die Scheinwerfer des Geländewagens stechen in diesem Umfeld deutlich hervor. Ihre Leuchtkraft ist so stark, dass sie den Betrachter blendet. In der letzten Einstellung wird das überdeutlich. Das Lego Logo wird im Abspann des Spots von einem Abschlepphaken an der Seilwinde nach hinten gezogen, der Geländewagen kommt zum Vorschein, seine Scheinwerfer richten sich unmittelbar auf das Auge des Publikums, das Bild wird kurzzeitig sehr hell, bis das Logo in seine alte Position zurückkehrt. In der Einstellung zuvor ist die Produktverpackung abgebildet, wie sie unter Strom steht. Blaues elektrisches Licht umgibt den rechteckigen Pappkarton. Dies erweckt den Anschein, dass es sich um ein energiegeladenes Produkt handelt, das durch seine technische Ausstattung und seine Kraft sogar Spannung erzeugt.

Darstellung 2: Abbildungen aus dem Spot von Lego Technic für den Großen Geländewagen

Während der Protagonist zu Anfang des Spots in Totaler (Ganzkörperbild) und aus leichter Froschperspektive (Untersicht) dargestellt ist, sind die übrigen Aufnahmen, also die des Produkts überwiegend in Großer, Naher oder sogar im Detail abgelichtet.[174] Die Kameraperspektiven wechseln zwischen Auf- und Untersicht. Nur zwei der insgesamt 14 Einstellungen sind in Augenhöhe (mit dem Betrachter). Der ständige Perspektivenwechsel sowie die schnelle, harte Schnittfolge verursachen einen unruhigen Eindruck. Der Betrachter bekommt eine Detailaufnahme nach der anderen gezeigt, er muss sich in zwei Einstellungen sogar auf drei Bildfenster gleichzeitig konzentrieren (Einstellung 7 und 8), um alle Informationen aufzunehmen. Die einzelnen Einstellungen sind bis auf Vor- und Abspann mit zwei bis drei Sekunden Länge größtenteils nur eine bis eineinhalbe Sekunde lang. Der bewegungsvolle Ablauf erreicht in Einstellung 9 seinen Höhepunkt. Hier

[174] Korte, S. 27-44. Die Fachbegriffe der Kameratechnik beziehen sich in der vorliegenden Arbeit auf die systematische Filmanalyse nach Korte.

findet ein schneller Kameraschwenk von der Seiten- zur Vorderansicht statt. Darüber hinaus handelt es sich bei den Kamerabewegungen um zügige Zoomfahrten, die das Gezeigte dem Betrachter näher bringen.

Ton

Die Stimme des Off-Sprechers ist männlich und dunkel. Das Alter der sprechenden Person ist auf ca. 20-30 Jahre zu schätzen. Die Stimme dominiert den gesamten Spot zum einen, weil es keine weiteren Sprecher neben ihm gibt, zum anderen, weil er bezogen auf die Lautstärke Musik und andere Geräusche übertönt. Den Text spricht der Sprecher im Takt zur Musik, was einem gesprochenen Raptext gleichkommt. Auch das Scratchen, das Hin- und Herbewegen einer laufenden Schallplatte, ist ursprünglich dem Hip-Hop als musikalische Richtung zuzuordnen. Die elektronischen Klänge verstärken den kosmischen Eindruck im Spot, der auch über die Lichtverhältnisse erweckt wird. Zunächst sind es ein Rhythmus und Maschinengeräusche, die den Spot begleiten. In der 7. Einstellung setzt eine Keyboardmelodie ein, die in der vorletzten Einstellung, in der die Produktverpackung unter Strom steht, mit einem hohen durchgezogenen Ton endet. Sie markiert den auditiven Höhepunkt des Spots. Im Abspann ist keine Musik mehr zu hören. Hier ertönt ein klirrendes Geräusch, Blech scheint aufeinander zu prallen, wenn das Logo von der Seilwinde nach hinten gezogen wird. Wiederum werden damit die Kraft und Stärke des Geländewagens unterstrichen.

Resümee: der Techniker

Der Spot präsentiert den Jungen als Techniker. Er arbeitet mit den Klischees, dass Jungen an Technik interessiert und im Umgang mit Maschinen begabt sind. Dass Jungen das dazu nötige Wissen bereithalten, wird im Spot durch die Erleuchtung des Protagonisten von oben dargestellt. Ganz besonders deutlich vermittelt der Spot, dass es Jungen bei Technik häufig um Kraftfahrzeuge geht, die möglichst groß, schnell und stark sind. Dies wird sowohl textlich durch die verwendeten Adjektive, als auch bildlich durch den zügigen Ablauf, die Detailaufnahmen und Froschperspektive dargestellt. Im Spot wirkt der Geländewagen neben den Händen des Jungen überdimensional groß. Die Maschinengeräusche im Hintergrund unterstreichen die Dynamik und

Kraft des Wagens. So wie die Kleidung des Jungen (Kapuzenjacke, Turnschuhe), steht auch der Hip-Hop-Rhythmus für Lässigkeit und Coolness. Andererseits im Sinne des Grundgedankens dieser Musikrichtung deutet er auf Wettbewerb mit Gleichgesinnten hin. In diesem Fall also auf den Wetteifer um die bessere Technik, die größere und schnellere Maschine. Die gesamte Aufmachung des Spots, die schnellen Schnitte, wechselnden Perspektiven und 3in1-Bilder, erfordert vom Publikum eine schnelle Auffassungsgabe und erweckt zugleich den Willen, dem Protagonisten gleichzukommen, der den Mut und das Können bewies, sich der Herausforderung Technik zu stellen. Dies entspricht dem obersten Werbeziel, Aufmerksamkeit und Kaufwillen bei der angesprochenen Zielgruppe zu erzeugen.

3.3.2.2 Hot Wheels Vulkan Blaster

Der Hot Wheels Vulkan Blaster ist ein Plastikvulkan, der durch seine Gesichtergestalt wenig naturgetreu, vielmehr einem Monster ähnelnd daher kommt. Der Artikel ist als Zubehör für die kleinen Spielzeugautos von Hot Wheels konzipiert, mit welchen es die Feuerangriffe des Vulkans abzuwehren gilt. Die Autos stellen im Spiel die Munition dar und werden von der Abschussrampe Richtung Vulkan geschleudert. Das Unternehmen Mattel schlägt eine Altersgruppe ab fünf Jahren vor.

Der Off-Sprecher im Spot kommentiert das Geschehen im künstlich erschaffenen (und zum Teil animierten) Vulkan-Szenario, in dem zwei Protagonisten das Abschießen der Autos auf den Vulkan demonstrieren. „Hot Wheels, Vollgas, voll krass." Dieser Satz leitet den Spot ein. Er wird von einem Sprechchor aus männlichen Stimmen vorgetragen. Dass es um schnelle Autos geht, macht zunächst der Produktname Hot Wheels, wörtlich übersetzt heiße Reifen, deutlich. Die anschließende Wortfolge verheißt durch Vollgas maximale Geschwindigkeit und steht mit voll krass für extremes Erleben. Stilistisch fallen sowohl die Hyperbel als auch die Anapher auf. Die Übertreibung wird durch die gemeinsame Verwendung der umgangssprachlichen Worte voll und krass deutlich. Beide stehen an sich bereits für eine Steigerung im Sinne von sehr bzw. extrem. Der gleiche Wortbeginn, die Anapher also, verstärkt die Übertreibung und sorgt zudem für einen hohen Wiedererkennungswert. Sie bringt das Publikum durch den auffälligen Wortklang zum Zuhören.

Der Text des Off-Sprechers ist in der 2. Person Singular direkt an die beiden Jungen gerichtet. Da diese allerdings die Produktzielgruppe repräsentieren, gilt er auch den jungen männlichen Zuschauern. Der Text lautet wie folgt: „Die Kreaturen aus dem Vulkan greifen an. Lade deine Hot Wheels in den Vulkan Blaster. Ziel genau auf die coole LED-Grafik. Abgefeuert! Du bist der Held. Zeig dem Vulkan, wer hier wirklich in die Luft geht. Neu, Vulkan Blaster. Echt heiß! Nur von Hot Wheels." Der verwendete Imperativ sorgt für eine unmissverständliche Aufforderung, die Angriffe aus dem Vulkan abzuwehren. Durch den Zuspruch Du bist der Held werden Protagonisten und potenzielle Käufer angefeuert gegen das Böse zu kämpfen. Ihnen wird der Eindruck vermittelt, sie hätten gar keine andere Wahl. 50 Wörter zählt der Text insgesamt (inklusive Sprechchor). Knapp 20 Prozent davon beziehen sich dem Produkt entsprechend auf Feuer, Hitze oder den Feuer speienden Berg. Dreimal ist es die englische Vokabel hot, die im Zusammenhang mit der Produktserie Hot Wheels genannt wird. An vier Stellen wird der Vulkan benannt, davon zweimal innerhalb der Produktbezeichnung Vulkan Blaster, welche eine Zusammensetzung aus einem deutschen und einem englischen Wort ist. Während Vulkan der deutschen Sprache entspricht, handelt es sich bei Blaster um eine englische Vokabel, die übersetzt Schießhauer oder Sprengmeister heißt. Die beiden Ausrufe abgefeuert und echt heiß verweisen wiederum auf Feuer und Hitze. Das Feuerelement steht im Spot zum einen für die Leidenschaft und Begeisterung für das Abenteuer. Zum anderen steht es für die Kampfbereitschaft und Energie, die das Spiel dem Spot nach zu urteilen, erfordert.

<u>Bild</u>

Das Produkt ist bunt und schrill. Lila, Blau, Orange und Pink dominieren die Farbgebung, wobei sich das Aussehen im Verlaufe des Werbefilms verändert (von einheitlich dunkelbraun bis hin zu bunt gemischt). Dies liegt daran, dass es sich zum Teil um eine Animation handelt (Einstellung 2 und 15), in der der Vulkan augenscheinlich Feuer speit. In den übrigen Einstellungen handelt es sich um das Plastikprodukt an sich, das in etwa so groß ist wie der Kopf des Jungen (zu sehen in Einstellung 4). Die beiden Protagonisten sind Jungen im

Alter von ca. 8-10 Jahren. Ein dunkelhäutiger Darsteller ist bekleidet mit einem hellen Sweatshirt. Er nickt seinem Mitspieler ermutigend zu und gibt ihm per Kopfbewegung das Startsignal für den ersten Angriff. Dieser und die folgenden Angriffe werden durchgeführt vom zweiten Protagonisten, der ein grünes Hemd trägt. Seinen Kampfgeist drückt er mit einem bösen Blick aus, der ihn wütend und aggressiv wirken lässt.

Darstellung 3: Abbildungen aus dem Spot für den Hot Wheels Vulkan Blaster

Die angriffslustige Stimmung wird ebenso durch die Gesamtgestaltung des Spots zum Ausdruck gebracht. Der Himmel ist entweder nachtschwarz oder rötlich gefärbt. Durch die Lila- und Pinknuancen wirkt es, als stehe auch er in Flammen. Die Lichtverhältnisse wirken künstlich und unrealistisch. Die grüne Bepflanzung im Hintergrund bietet eine Kontrastfläche. Rot und Grün stellen in der Farbenlehre[175] eine Komplementärkombination dar, die als optische Täuschung das Kontrastempfinden des Sehenden intensiviert. Beim Betrachter des Spots löst dieser Vorgang Unruhe aus. Hitzige Atmosphäre schaffen ferner Feuer und Flammen, welchen eben nicht nur textlich, sondern auch visuell eine große Bedeutung zukommt. Zunächst ist in diesem Zusammenhang das Design des Logos zu erwähnen. Der weiß-gelbe Hot Wheels Schriftzug geht in orange-roten Flammen auf. Zudem fließt in den animierten Szenen glühende Lava und es explodieren Feuerquellen im Hintergrund. Das Feuer symbolisiert, wie bereits in Bezug auf den Text festgehalten, Energie, Kampf und Abenteuer. Bildlich verkörpert es im Spot auch den Einsatz von Waffen. So stellen die Flammen im Spiel schließlich die Angriffswaffe der fiktiven Kreaturen aus dem Vulkan dar.

Auch die Kamerabewegung sorgt für ein schnelles und unruhiges Bild. Die Kamerafahrten sind zügig, wackelig und holprig. Bei 17 Einstellungen insgesamt liegt die Schnittzahl mit 16 am höchsten im Vergleich zu den übrigen 20 Sekunden-Spots. Sieben Einstellungen sind nur eine halbe Sekunde lang. Bis auf Anfang (Einstellung 2) und Ende (Einstellung 14-15) sind es ausschließlich Groß- und Detailaufnahmen, die gezeigt werden. Hinzu kommt der Perspektivenwechsel zwischen Aufsicht, Untersicht und Augenhöhe. Dieser folgt deutlichen Mustern: Während die Abschussrampe immer aus Vogelperspektive gezeigt wird, ist der Vulkan vor allem in Froschperspektive oder aber in Augenhöhe dargestellt. Letzteres ist immer dann der Fall, sobald die Gegner gleichzeitig, also Protagonisten und Vulkan zusammen, im Blickfeld sind. Dies erzeugt vor allem Spannung. Der Vulkan erscheint groß und mächtig, die kleinen Autos auf der Rampe dagegen klein und schmächtig. Dennoch bleibt spannend, wer den Kampf gewinnt. Denn sobald die Protagonisten agieren, sind sie mit dem Vulkan filmtechnisch auf Augenhöhe, d. h. gleichstarke Gegner.

175 Im Farbkreis nach Hering, Itten und Goethe stehen sich Komplementärfarben gegenüber. Sie werden auch als Gegenfarben bezeichnet und bilden ein besonders starkes Kontrastverhältnis.

Ton

Die Stimme des Off-Sprechers ist dunkel, tief und rau. Die charakteristische Männerstimme lässt auf ein Alter zwischen 40 und 50 Jahren schließen. Auch die musikalischen Töne im Hintergrund spielen sich auf unterer Tonlage ab oder markieren gefährliche Momente mit sehr hohen, durchdringenden Noten. Insgesamt wirkt das Zusammenspiel aus dieser musikalischen Begleitung, den akustisch nachgestellten Explosionen und Bremsgeräusche sowie dem Quietschen und Zischen der Reifen dynamisch und dramatisch.

Resümee: der Kämpfer

Die Kämpfer und Abenteurer, als welche die beiden Protagonisten in diesem Spot dargestellt werden, repräsentieren gleich mehrere geläufige Geschlechterklischees. Am deutlichsten kommt der männliche Kampfgeist zum Ausdruck. Es wird ein fiktives und unrealistisches Szenario erschaffen, in dem die Jungen gegen Bösewichter (den Kreaturen), Monster (dem Vulkangesicht) bzw. Naturgewalten (in Form des Feuers) für das Gute kämpfen, um Ehre und Heldentum zu erlangen. Diese Aufgabe erfüllen sie tapfer und mutig. Die Kinder entwickeln im Spot, ihrem Gesichtsausdruck nach zu urteilen, Wut, Aggression und Siegeswillen. Die Fantasiewelt, in die sie sich im Spiel begeben, verspricht Gefahren, Spannung und Abenteuer. Ähnlich wie im vorherigen Spot, spielen Kraftfahrzeuge eine Rolle. Allerdings stehen die technischen Interessen hier deutlich im Hintergrund. Vielmehr dienen sie lediglich als Munition für Angriffe, mit denen der Gegner besiegt werden soll.

3.3.2.3 Girl Tech Styling Studio

Das Girl Tech Styling Studio besteht aus einem Touchpad, einer integrierten Kamera und einer Bildbearbeitungssoftware für den PC, an den das digitale Zeichenbrett angeschlossen wird. So ist es möglich, Bilder aufzunehmen und nach Geschmack das Aussehen der abgebildeten Personen zu verändern. Vorgegebene Schablonen helfen Frisuren, Make-up und Accessoires hinzuzufügen und auszuwechseln. Die Bilder können dann ausgedruckt oder per E-Mail verschickt werden. Das Produkt wird für ein Alter ab sechs Jahren empfohlen. Die Zielgruppe ist, wie bereits dem Namen nach zu urteilen, eindeutig weiblich. Mattel produziert seit 1999 unter dem Namen Girl Tech (wörtlich übersetzt Mädchen Technologie) elektronische Geräte speziell für Mädchen bis ca. zwölf Jahre.

Im Spot liegen zwei Mädchen auf dem Bett in ihrem Jugendzimmer und demonstrieren das Produkt. Sie fotografieren sich und probieren verschiedene Optionen aus. Die Off-Sprecherin kommentiert das Geschehen mit den Produktinformationen: „Jetzt für deinen PC, das neue Styling Studio mit Kamera und noch viel mehr Styling Möglichkeiten... Per E-Mail verschicken oder einfach ausdrucken... Neu, Styling Studio mit PC-Software von Girl Tech." Dazu der Liedtext im Hintergrund: „So cool, Styling Studio ... Styling Studio". Der Text der Protagonistinnen beschränkt sich auf die Aufforderung „Nimm den pinken Lidschatten" und den Ausruf, „Ist das cool", den sie im Chor aussprechen. Insgesamt besteht der Text aus 43 Wörtern. Auffällig sind die wiederholten Anglizismen. Fünfmal fällt die ursprünglich englische Vokabel Styling (zu übersetzen mit Formgebung oder Aufmachung), zweimal cool, stehend für ein Adjektiv, das Begeisterung und Zustimmung ausdrückt.

Bild

Das beworbene Touchpad mit Kamera ist hauptsächlich pink. Auch das verdeutlicht die weibliche Zielgruppenansprache nur zu deutlich. Pink und Rosa stellen typische Mädchenfarben dar. Bei den Protagonistinnen handelt es sich um Kinder im Alter von ca. acht bis zwölf Jahren. Beide sind von schmaler Statur. Darstellerin 1 ist blond und trägt die Haare zum Zopf zusammengebunden. Sie trägt ein einfaches gelbes T-Shirt. Ihre Spielgefährtin hat braunes langes Haar, das ebenfalls nach hinten zusammengebunden ist. Sie ist bekleidet mit einem rosa Oberteil und einer Jeans. Durch ihr Lachen wirken die beiden fröhlich und unbeschwert, was ebenso durch ihre lässige Körperhaltung, besonders das Überkreuzen der Füße (Einstellung 1 und 10, Darstellung 4 links oben), vermittelt wird. Äußerlich findet ein deutlicher Wechsel in Einstellung 14 statt (siehe Darstellung 4 links unten). Hier steigen die beiden Mädchen aus einer Limousine und werden vom Blitzgewitter der Presse empfangen. Beide schauen jetzt von oben herab und haben ein ausgefallenes Outfit. Die erste Darstellerin ist mit einem rosa Glitzeroberteil und einer weißen Hose bekleidet, die andere trägt ein weißes Kleid und eine kurze Jeansweste darüber. Sie ist ferner ausgestattet mit Hut, einem Taillengürtel und einer langen Kette.

Darstellung 4: Abbildungen aus dem Spot für Styling Studio von Girl Tech

Auch die Kameratechnik kündigt die Veränderung an. Wohingegen die Mädchen in 13 von 15 Einstellungen abwechselnd in Augenhöhe oder aus Vogelperspektive gefilmt sind, betrachtet der Zuschauer sie in Einstellung 14 aus der Froschperspektive und schaut zu ihnen auf. Während sie zunächst ausschließlich in Naher, Großer oder im Detail zu sehen sind, bildet Einstellung 14 mit der Totalansicht die Ausnahme. Einmalig ist in dieser Einstellung auch die Betrachtung durch einen lila Rahmen in der Form der Styling Studio-Kamera. Dadurch wird dem Zuschauer suggeriert, dass die jungen Mädchen durch das Produkt zum Star werden. Dass sie auf diese Weise ihre scheinbare Affinität zu Mode, Schminke und Frisuren ausleben können, wird ebenso durch das schnelle Wechseln der einzelnen Bilder auf dem abgebildeten Monitor gezeigt. In Einstellungen von einer Sekunde Länge werden bis zu sechs verschiedene Stilrichtungen eingeblendet (Einstellung 3, 8 und 9). Obwohl die Kamerabewegung bis auf einen schnellen Schwenk in Einstellung 13 statisch ist, macht das Bild keinen monotonen Eindruck. Vielmehr entsteht durch die stetige Transformation am Monitor, die Perspektivenwechsel und zackigen Schnitte eine aufregende Stimmung. Unterstützt wird diese Empfindung vom bunt eingerichteten Zimmer und dem Ortswechsel nach draußen. Beide Drehorte unterstreichen durch die Lichtverhältnisse, geprägt von Sonneneinstrahlung und Tageslicht, die fröhliche und angeregte Atmosphäre.

Ton

Die Off-Sprecherin hat eine jugendliche, sehr weibliche Stimme. Die Sängerinnen, die im Chor den Produktnamen mit einer eindringlichen Melodie vortragen, lassen dagegen auf ein höheres Alter von ca. 30 Jahren schließen. Beide Protagonistinnen werden von jungen, mädchenhaften Stimmen synchronisiert, die hoch und verspielt klingen. Im Hintergrund ist das Staunen und Lachen der Mädchen zu hören, was ihre Freude am Produkt akzentuiert. Die rockige Hintergrundmusik unterstreicht den jugendlichen Eindruck, den die Protagonisten erwecken. E-Gitarre und Schlagzeug schlagen einen Rhythmus an, der gute Laune und Lebendigkeit versprüht.

Resümee: die Stylistin

Die Mädchen im Spot charakterisieren das junge weibliche Geschlecht als Stylistinnen. Ein Stylist ist im Berufsleben in der Regel für das Aussehen von Schauspielern, Models oder Prominenten verantwortlich. Frisur, Make-up, Kleidung und Accessoires müssen aufeinander abgestimmt sein, die aktuelle Mode widerspiegeln oder neue Trends setzen. Durch die Einstellung in der Styling-Studio-Werbung, in der die Mädchen selber zum Star werden, wird deutlich, dass sie im Spiel das nachahmen, was sie im echten Leben (noch) nicht verwirklichen und darstellen können. Ebenso verdeutlicht dies die Tatsache, dass sie im Spot selber die virtuellen Modelle sind, die sie umgestalten. Sie wollen gefragt, beliebt und berühmt sein. Obwohl sich das Produkt an Kinder ab sechs Jahren richtet, ist der Spot überwiegend jugendlich aufbereitet: die Einrichtung des Zimmers, in dem die Mädchen sich aufhalten, die Gitarrenmusik im Hintergrund, die Betonung, dass alles *cool* ist. Einzig die Aufmachung des Produkts an sich (Lila und Pink geblümt) und die verspielten Stimmen der Protagonistinnen entsprechen einer kindgerechten Ansprache, d. h. die jungen Konsumentinnen werden in der Werbung mit einer ganz bestimmten Vorstellung von Mädchen sein, bzw. Frau sein konfrontiert, nämlich dass sie Wert auf ihr Äußeres legen, dass sie sich schminken und zurechtmachen. Ihnen wird vorgeführt, wie sie dieses Geschlechterbild schon von klein auf imitieren und erlernen können. Durch die fröhliche und unbeschwerte Art der Darstellerinnen wird zusätzlich der Eindruck vermittelt, dass diese Lebensweise Freude und Glück verspricht.

3.3.2.4 Chou Chou, Mami mein erster Zahn

Der Spot von Zapf Creation präsentiert die Puppe Chou Chou, Mami mein erster Zahn. Die Puppe ist knapp 50 cm groß. Sie gibt Geräusche eines wirklichen Babys wieder. Sie weint, lacht und schmatzt, je nach dem, in welchem Spielstand sich die Puppe befindet. Wenn sich ihre Wangen rot färben, soll sie gefüttert werden. Nachdem sie an ihrem Schnuller genuckelt hat, wachsen ihr sichtbar die ersten Zähne. Das ist der Höhepunkt des Spielablaufs, der sich auf Knopfdruck beliebig oft wiederholen lässt. Die Puppe ist nach Angaben des Herstellers für Kinder ab drei Jahren geeignet.

Der Spot macht deutlich, dass ausschließlich Mädchen als Zielgruppe angesprochen sind. Bereits der Titel und die darin enthaltene Ansprache auf die Mutterrolle zeigen dies. Im Spot kümmert sich die junge Protagonistin liebevoll um ihr Puppenbaby. Sie streichelt und füttert die Puppe, umarmt und küsst sie. Aus dem Off erklingt zunächst ein Lied, das von einer Frau gesungen wird: „Du wirst langsam groß und ich kümmere mich um dich. Chou Chou mein erster Zahn. Und wenn du dann weinst, weiß ich wieso.“ Der Text handelt von mütterlicher Fürsorge und Verständnis. Dadurch, dass parallel zum Liedtext, der in der 1. und 2. Person Singular geschrieben ist, die Protagonistin mit ihrer Puppe spielt, ist klar, dass der Text die Gedanken der liebevollen Puppenmutter zum Ausdruck bringt. Der eigentliche Text der Protagonistin – „Du bekommst ja ein Zähnchen." – führt den Inhalt des Liedes weiter fort. Er klärt darüber auf, warum das Baby weint, nämlich weil es die ersten Zähne bekommt. Das Diminutiv von Zahn macht deutlich, dass die junge Protagonistin, selber noch Kind, in ihrem Spiel in die Rolle eines Erwachsenen schlüpft, die die Verkleinerungsform in der Regel anwenden, um junge und kleine Menschen, Tiere oder Gegenstände als niedlich zu beschreiben. Die eigentliche Werbeansage, um welches Produkt von welchem Hersteller es sich handelt, übernimmt im Abspann die zweite Off-Sprecherin mit folgenden Worten: „Die neue Chou Chou, mein erster Zahn. Zahn für ein Baby von Zapf Creation."

Bild

Bild und Text bilden auch in diesem Spot eine Einheit. Das, was im Text beschrieben oder angesprochen wird, ist visuell dargestellt. So blinken die weißen Zähne der Puppe im gleichen Moment auf, in dem im Liedtext davon die Rede ist.

Das Puppenbaby stellt ein Kleinkind im Alter von ein paar Monaten dar. Es hat blaue Augen und ein rundes Gesicht. Im Spot trägt es eine rosa-weiß gestreifte Mütze und den passenden Body. Beides ist mit einem hellgrünen Rand abgesetzt. Die Puppe wird ausschließlich in Verbindung mit der Protagonistin gezeigt, was deutlich macht, wie sehr sie auf ihre Puppenmutter angewiesen ist und welche Verantwortung sie ihrem Baby im Spiel gegenüber trägt. Das Mädchen ist ca. 6-8 Jahre alt. Sie hat braunes langes Haar, braune Augen und ein volles Gesicht. Ihr lächelnder Gesichtsausdruck und die geschlossenen Augen lassen auf Liebe und tiefe Zufriedenheit schließen, die sie gegenüber ihrem Puppenbaby empfindet. Sie ist mit einer Strickjacke in Pink bekleidet und trägt eine Spange, später einen Haarreif, im Haar. Durch die Farben und den Haarschmuck wirkt sie sehr mädchenhaft, die Kleidung und das Handtuch über ihren Schultern vermitteln einen hausmütterlichen Eindruck. Das Bild der Hausmutter wird bereits gleich zu Beginn des Spots aufgegriffen. In der ersten Einstellung, in der nur das Produktlogo bestehend aus einem lila Chou Chou Schriftzug und einem Zeichentrickbären zu sehen ist, öffnet der Bär einen Reißverschluss, hinter dem sich das Zimmer der Protagonistin verbirgt. Der Reißverschluss dient in diesem Fall als Überblendung zur nächsten Einstellung. Er steht als Symbol für mütterliche Fürsorge, die zum Beispiel beinhaltet den Kindern beim Anziehen zu helfen, ihnen die Jacke zuzumachen oder Ähnliches.

Der Hintergrund des Werbefilms ist einheitlich in Pink, Rosa und Weiß gehalten. Die gesamte Einrichtung, sowohl Möbel (Schränke in Weiß) als auch Dekoration (Decke in Pink, Teppiche in Rosa) entsprechen den genannten Farben. Eine Ausnahme bildet die hellgrüne Tapete. Dabei fällt auf, dass der Hintergrund in der gleichen Farbvariation gestaltet ist, der auch die Kleidung der Puppe entspricht. Die Farbgebung des gesamten Spots ist einheitlich, beinahe eintönig. Lediglich die grünen Farbtupfer bieten Abwechslung. Dem Publikum vermittelt diese Gestaltung einen freundlichen und gleichmäßigen Eindruck. Liebe, Harmonie und Sicherheit sind die Werte, die hier transportiert werden. Die Lichtverhältnisse verstärken die friedliche Empfindung. Sie kommen Tageslicht gleich. Sonnenstrahlen reflektieren auf Kommode und Boden.

***Darstellung 5:** Abbildungen aus dem Spot von Zapf Creation für die Puppe Chou Chou, Mami mein erster Zahn*

Auch die Kameratechnik der Puppenwerbung weist auf eine ruhige, ausgeglichene und harmonische Atmosphäre hin. Mit nur zehn Einstellungen insgesamt ist die Schnittzahl deutlich geringer als bei den anderen Spots. Dementsprechend verlängern sich die einzelnen Einstellungen und sind überwiegend eineinhalb oder mehr Sekunden lang. Langsame Kamerabewegungen als Schwenk oder Zoom prägen das Bild. Bis auf den Abspann handelt es sich durchgehend um Groß- oder Nahaufnahmen, was die Nähe zwischen Kind und Puppenmutter widerspiegelt. Ebenso deutlich kommt die enge Verbindung durch die Augenhöhe als Blickperspektive zum Ausdruck, die bis auf eine Ausnahme (Einstellung 4 in Vogelperspektive) vorherrscht. Zusätzlich verleiht die ausgewogene Perspektive dem Spot einen hohen Identifikationscharakter. Die Protagonistin ist sozusagen auf gleicher Höhe mit ihren jungen Zuschauerinnen, wodurch diese sich angesprochen fühlen.

Ton

Ebenfalls bietet die Tonlage der Stimme der Protagonistin Identifikationsfläche für die Zielgruppe. Sie ist besonders kindlich und mädchenhaft. Die Stimmen der Sängerin und Off-Sprecherin sind sehr weiblich, weich und hoch, wobei ein deutlicher Altersunterschied auszumachen ist. Während das Alter der Sängerin auf ca. 35 Jahre einzuschätzen ist, klingt die Stimme der Produktansage sehr jugendlich, wie die einer ca. 16-Jährigen. Dadurch, dass das Lied von einer erwachsenen Stimme gesungen wird (und es wie bereits erwähnt das Verhalten der Protagonistin aufgreift), wird erneut das Rollenspiel verdeutlicht, in dem die Puppenmutter eine Erwachsene nachahmt. Die aufgenommenen Babygeräusche, das Weinen, Schmatzen und Lachen der Puppe, machen das Spiel realitätsnah. Melodie und Gesang sind gefühlvoll und sentimental, was durch die seichten Streichinstrumente und hellen Töne intensiviert wird. Sie ergänzen die bildliche und textliche Harmonie.

Resümee: die Puppenmutter

Die Werbung für die Puppe Chou Chou, Mami mein erster Zahn transportiert sowohl inhaltlich, als auch bildlich und akustisch das Geschlechterklischee, das Mädchen mit Puppen spielen und sich so auf ihre Rolle als Mutter vorbereiten. Im Spiel stellen sie schon im jüngsten Alter nach, was in traditioneller Vorstellung zu den mütterlichen Aufgaben und Pflichten zählt: sie kümmern sich um das Wohlergehen, füttern und liebkosen, tragen die erzieherische Verantwortung und übernehmen die emotionale Bindung zu den Kindern.

Mädchen haben dem Spot nach zu urteilen schon von klein auf das Bedürfnis die Hausmutter zu spielen und sich den gängigen Vorstellungen von Mädchen entsprechend zu geben, d. h. nicht nur mit Puppen zu spielen, sondern sich auch wie typische Mädchen zu kleiden (Strickjacke in Pink) und zu schmücken (mit Spangen und Haarreif). Die Farbgebung vermittelt einen übertrieben mädchenhaften Eindruck, bis auf wenig Grün sind es ausschließlich rosa Töne in unterschiedlichen Nuancen. Diese farbliche Einheitlichkeit, wie auch die Farbwahl an sich, stellt das weibliche Bedürfnis nach Liebe und Harmonie dar. Ebenso das Happy End im Spot, das durch das Lachen des zuvor durchgehend weinenden Babys gegeben ist.

3.3.2.5 Barbie Prinzessinnen

Delia und Alexa stellen, wie aus dem Werbespot hervorgeht, die Hauptfiguren in dem computeranimierten Film **Barbie und das Diamantschloss** dar. Im Film geht es um Freundschaft, um die Liebe zur Musik und um Zauberei. Im Spot werden die singenden Barbiepuppen Delia und Alexa von Mattel beworben. Sie tragen auf Knopfdruck einzeln oder im Chor Lieder aus dem Film vor. Ihre Kleider wechseln beim Ziehen einer Schnur Form und Farbe. Der Werbefilm ist in Anlehnung an den Hauptfilm zum Teil computeranimiert (siehe Darstellung 6 links oben). Überwiegend präsentieren und bestaunen zwei Protagonistinnen die Puppen und ihre Funktionen. Die Barbies werden von Mattel für eine Zielgruppe von Mädchen ab drei Jahren empfohlen.

Der Spot wird sowohl von den singenden Puppen, als auch von einem Lied aus dem Hintergrund begleitet. Die Sprecherin kommentiert An- und Abspann der Werbung mit Produktinformationen. Mit den Worten „Aus dem neuen Film Barbie und das Diamantschloss.“ leitet sie die Werbung ein. Am Ende wiederholt sie Namen und Funktion der Puppen: „Neu, Delia und Alexa singen Lieder aus dem Film. Alleine oder im Duett." Auch die Protagonistin unterstreicht mit ihrem Ausruf „Sie singen zusammen", dass die Barbies gemeinsam singen können. Während der Liedtext der Puppe aus der Wiederholung von „Fühl mich verbunden" in der 1. Person Singular besteht, besingt der Frauenchor im Hintergrund ebenfalls die Funktionen der Barbies, allerdings aus erzählender Perspektive in der 3. Person Plural oder im Imperativ an die Konsumentinnen gerichtet: „Delia und Alexa singen ... Verbunden ... Verändere die Kleider, oh wie sie glänzen." Bei 42 Wörtern insgesamt betonen gut 10 Prozent den Freundschaftsgedanken, dass die beiden Puppen gemeinsam singen und sich verbunden fühlen. Dreimal heißt es *verbunden*, und je einmal *zusammen*, bzw. *im Duett*. *Singen* wird ebenfalls insgesamt dreimal wiederholt.

Bild

Die beiden Barbies tragen wie auch in der filmischen Darbietung festliche Kleider. Im Gegensatz zum Film tragen sie als Puppe allerdings ihre Haare offen und eine Krone auf dem Kopf. Die Farben beschränken sich auf Rosa, Lila und Königsblau. Ins Auge fällt, dass das Aussehen der Protagonistinnen je mit dem der zugeordneten Barbie einhergeht, d. h. die blonde Protagonistin spielt mit der hellhaarigen Barbie Delia, die brünette Darstellerin mit der braunhaarigen Alexa. Beide Mädchen tragen ihre Haare ebenfalls offen mit Spange oder Haarreif verziert. Während die blonde Protagonistin ein blaues T-Shirt trägt, das sich farblich im Kleid von Alexa widerspiegelt, ist ihre Mitspielerin passend zum Kleid ihrer Barbie in Zartlila angezogen. Alles zusammen ergibt ein harmonisches, ausgewogenes Bild, was den hohen Identifikationswert zwischen den Mädchen und ihren Puppen hervorhebt. Dass die blonde Protagonistin eine ähnliche Kette wie die Filmfiguren trägt, verstärkt den Vorbildcharakter, den die Puppen offensichtlich einnehmen. Aus Mimik und Gestik der jungen Darstellerinnen, die ca. 4-6 Jahre alt sind, lässt sich auf die Bewunderung schließen, welche sie ihren Idolen entgegenbringen. Sie schauen die Puppen von unten her mit großen Augen und offenem Mund an (vor allem in Einstellung 10, siehe Darstellung 6 links unten). Dabei werden die Mädchen getrennt voneinander mit der ihnen zugeordneten Puppe gezeigt, was ihre Fokussierung auf das je ähnlich aussehende Vorbild deutlich macht. Der freundschaftliche Aspekt, der schon in Bezug auf den Text des Werbespots offensichtlich geworden ist, wird bildlich dadurch hervorgehoben, dass die beiden Mädchen in der Szene gemeinsam im Bild sind, in der die blonde Darstellerin auf das gemeinschaftliche Singen der Puppen aufmerksam macht. Hier schauen sich die Kinder gegenseitig an und sind den Puppen visuell übergeordnet (Einstellung 6, siehe Darstellung 6 rechts oben), d. h. die fiktive Freundschaft der beiden Barbiepuppen, so suggeriert die Werbung, bewirkt ein ebenso vertrauliches Verhältnis zwischen den Mädchen in der Wirklichkeit.

Der Hintergrund der Werbung ist stark verschwommen. Lichtreflexe verursachen eine abendliche und traumhafte Stimmung. Die unscharfen Konturen schaffen Raum für Fantasie, die durch den Glitzer der Kleider und umherschwebende Noten zusätzlich angeregt wird. Alles erscheint sehr märchenhaft. Verstärkt wird dieser Eindruck durch die animierten Szenen, in denen eine Berg- und Waldlandschaft, ein Regenbogen und ein Schloss die Kulisse bilden.

Darstellung 6: Abbildungen aus dem Spot für die Barbie Prinzessinnen Delia und Alexa

Auch die verwendeten Symbole erinnern an ein Märchen. Neben Krone und Schloss ist in diesem Zusammenhang vor allem der Spiegel, den Delia im Spot in der Hand hält, zu nennen (Einstellung 7).[176] Im Spot visualisiert er zum einen den Übergang von der Wirklichkeit zur Traumwelt. Eine Traumwelt, welche die Kinder mit den Barbies Delia und Alexa im Spiel erfahren. Zum Zweiten steht er für Eitelkeit und Schönheitswahn, den die Puppen durch ihr makelloses Aussehen verkörpern. Auch das Herz, in dessen Form der Spiegel, aber auch das Logo und die Halsketten der Puppen sind, ist sinnstiftend. Es steht wiederum für die bereits mehrfach erwähnte Liebe zur Musik und die Freundschaft zwischen den Mädchen und Filmfiguren.

Bis auf eine Ausnahme sind die Einstellungen durchgängig in Augenhöhe mit dem Betrachter. Die Bilder, in denen Mädchen und Barbie gemeinsam gezeigt werden, unterstreichen damit die Nähe und Gleichstellung, die auch durch das ähnliche Aussehen von Produkt und Protagonistin hergestellt wird. In den Szenen, die die Barbies animiert oder als Puppe zeigen, wird durch die Augenhöhe zum Betrachter zusätzlich eine Identifikationsfläche für die jungen Konsumentinnen geschaffen. Die Einstellungsgröße variiert in diesem Spot stärker als in anderen und reicht von Detail- bis hin zur Totalansicht. Die Barbies sind allerdings ausschließlich mindestens samt Oberkörper oder komplett zu sehen, d. h., die Aufmerksamkeit liegt deutlich auf ihren Stimmkörpern und den Kleidern, die sie tragen. Die Protagonistinnen sind dagegen lediglich in drei Einstellungen zu sehen, in Naher, Großer oder in Detailansicht. Der Blick des Betrachters wird damit auf ihren Gesichtsausdruck gelenkt, auf ihr Staunen und ihre Bewunderung.

Ton

Die Begeisterung ist ebenso deutlich in der Stimme des blonden Mädchens zu hören, die sehr hell und feminin klingt. Hinzu kommt, dass das staunende Aufatmen der zweiten Darstellerin das einzige Nebengeräusch zur Musik

[176] Der Spiegel stellt in Märchen oftmals eine Kraft des Bösen dar. So beispielsweise auch in Schneewittchen, in dessen Märchen der Spiegel der bösen Königin nicht länger sie, sondern Schneewittchen die Schönste im Land nennt, weshalb die Königin einen hinterhältigen Plan schmiedet. Oder in dem Märchen der Schneekönigin, in dem ein böser Zauberer einen trügerischen Spiegel erfindet, der alles Schöne und Gute, hässlich und schlecht aussehen lässt. Kinder, die den Film Barbie und das Diamantschloss kennen, wissen, dass der Spiegel hier eine Kraft der bösen Muse Lydia ist.

darstellt. Der lebendige, sehr eingängige Rhythmus aus Gitarre und Schlagzeug dominiert den Spot, ebenso wie die Stimme der Off-Sprecherin.

Resümee: die Prinzessin

In der Werbung für die Barbie Prinzessinnen Delia und Alexa kommt vor allem das Geschlechterklischee zum Ausdruck, dass Mädchen im Spiel gerne in eine Märchenwelt voller Magie und melodischer Musik eintauchen. Dabei nehmen sie selber am liebsten die Rolle der Prinzessin ein. Die Bewunderung und Begeisterung der Darstellerinnen für die Puppen im Spot macht deutlich, was – laut Werbung – für die Mädchen erstrebenswert ist. Als Prinzessinnen besitzen sie ein Schloss, eine Kutsche und Pferde. Sie sehen wunderschön aus, tragen tolle Kleider und eine Krone. Sie stehen für das Gute ein und sind bei anderen beliebt. In der hier betrachteten Werbung sind es vor allem das hübsche Aussehen, die tollen Kleider und die Begabung zum Singen, mit denen die Zielgruppe Mädchen angesprochen wird. An dieser Stelle ist zu ergänzen, dass die erste Stichprobe der vorliegenden Untersuchung noch zwei weitere Spots enthält, in denen, im gleichen Stil für das zugehörige *Diamantschloss* und das fliegende *Pferd Glimmer* geworben. D. h. hier werden zusätzlich oben genannte Klischees angeführt, die mit der Mädchenrolle als Prinzessin einhergehen.

Weiterhin greift der Spot das Bild der besten Freundinnen auf, das in Bezug auf das gemeinsame Spielen von Mädchen gerne für Werbezwecke herangezogen wird. Wie schon in beiden vorangegangenen Mädchenspots fällt die harmonische Stimmung auf. Das immer wiederkehrende Herzsymbol und die Farbgestaltung in Rosa und Lila unterstützen die liebevolle und freundschaftliche Atmosphäre.

3.3.2.6 Actimel

Bei Actimel handelt es sich um ein Joghurtgetränk, das dem Hersteller Danone zufolge, durch seine probiotischen, d. h. mit Milchsäurebakterien versetzten Kulturen die körpereigenen Abwehrkräfte unterstützt. Zielgruppe für dieses Produkt sind hauptsächlich Erwachsene, aber auch Kinder, für die eine eigene Werbeansprache entwickelt wurde.

In dem Kinderwerbespot bekämpfen drei Freunde, zwei Jungen und ein Mädchen, gemeinsam mit computeranimierten Figuren ein *Dreckmonster* und seine Bakterien. Die Werbung besteht zum einen aus Trickelementen, zum anderen handelt es sich um reale Aufnahmen im Kinderzimmer der Protagonisten. Die animierten Fantasiefiguren sind dem Produkt nach benannt und heißen Ac, Ti und Mel. Der Spot beginnt mit einer direkten Ansprache von Ac, der die Zuschauer vor dem Fernseher in der 2. Person Plural anspricht: „Freunde, kennt ihr schon unsere super Leuchtsticker?". Anschließend setzt die Spielhandlung ein. Über ihren Meldeempfänger wird das *Actimel-Team* alarmiert die Angriffe des Dreckmonsters abzuwehren. Doch die Figuren stellen fest, dass ihr *Acti-Strahler* nicht geladen ist und so kommen die Kinder ins Spiel. Das Dreckmonster wird zu einem großen Sitzkissen im Kinderzimmer. Hier erhalten sie das Alarmsignal der Abwehrkräfte und eilen zur Hilfe. Ihre Aufgabe ist es den Acti-Strahler zu laden, indem sie die dem Produkt beiliegenden Leuchtsticker unter das Licht halten. Gemeinsam besiegen sie auf diese Weise das Dreckmonster. In Einstellung 18 klatschen sich die Kinder und fiktiven Figuren gegenseitig in die Hände und rufen im Chor: „Geschafft, actimelisiert".

Diese kurze inhaltliche Zusammenfassung der Handlung macht bereits deutlich, dass die Figuren und Fantasiebegriffe eigens für die Werbung kreiert sind. Kinder als Zielgruppe werden nicht nur persönlich und auf freundschaftlicher Ebene angeredet, ihnen wird mit der Spielhandlung im Spot ein Szenario zum Nachmachen vorgeführt. Alle drei Kinder sprechen im Werbespot je einen Satz: „Das Team Actimel braucht uns.", „Aktiviert die Leuchtsticker unter dem Licht." und „Volle Power für den Acti-Strahler." Sie kommen also gleichberechtigt zu Wort. Obwohl es sich um ein vermeintlich gesundes Lebensmittel handelt, erwecken die Werbetreibenden den Kaufreiz primär über das Rollenspiel und die dazu erhältlichen Leuchtaufkleber, auf welchen die Werbefiguren abgebildet sind. Die fiktiven Wörter wie Acti-Strahler und actimelisiert, beginnen mit den ersten beiden Silben des Produktnamens. Die Wiederholung des Wortbeginns bewirkt einen Gewöhnungseffekt und einen hohen Wiedererkennungswert. Ferner fällt der häufige Wortbeginn mit dem Buchstaben „A" auf. Neben den bereits genannten Begriffen heiß es im Text auch Abwehralarm, aktiviert und Aktionspackung. Von insgesamt 61 gesprochenen Wörtern, beginnen zehn mit „A". *Acti* steht als Abkürzung nicht nur für die Produktbezeichnung, sondern auch für Aktivierung, Aktivität und Aktion. Actimel aktiviert diesen Begriffen nach zu urteilen also nicht nur Abwehrkräfte, sondern kämpft auch gegen Langeweile an. Kinder erleben, so zeigt die Werbung, ein gemeinsames Abenteuer. Dabei steigern Wörter wie Alarm, Abwehr und Power den Spannungsgehalt. Den bisherigen Analysen nach zu urteilen sind diese Begriffe hauptsächlich der Spielwelt von Jungen zuzuordnen.

Bild

Lediglich im Vor- und Abspann des Spots ist das Produkt an sich abgebildet. Die kleinen 100g-Trinkflaschen sind hauptsächlich weiß. Sie sind beklebt mit dem blau-weißen Danone Logo und dem Actimel Schriftzug in Lila-Blau. Die Trickfiguren als Superhelden sind farblich ebenfalls in Weiß und Blau gestaltet. So auch der Hintergrund des Vor- und Abspanns. Das Zimmer, in dem die Kinder spielen, wie auch die digitale Gestaltung des Angriffsszenarios, sind einheitlich in Grün, Beige und Braun gehalten. Nach neuzeitlichem Verständnis von Farbe und ihrer Verbindung zu Geschlecht spricht der Spot mit der kühlen Blau-Weiß Kombination und der Naturfarbgestaltung in Grün- und Erdtönen vornehmlich Jungen an.[177]

[177] Dass Blau eine Jungenfarbe und Rosa eine Mädchenfarbe ist, gehört zum allgemeingültigen Wissensbesitz der westlichen Kultur. Dieses gesellschaftliche Verständnis von Farbe und Geschlecht entwickelte sich allerdings erst vor ca. 80 Jahren. Zuvor wurden die Farben geschlechtlich genau entgegengesetzt zugeordnet. Rot galt als männliche, Blau dagegen als weibliche Farbe. Siehe dazu Heller 2000.

Die drei Darsteller im Spot sind gleich groß und ca. zehn bis zwölf Jahre alt. Die beiden Jungen sind mit Jeans und Stoffschuhen bekleidet. Der blonde Protagonist mit schulterlangen Haaren trägt einen grünen Kapuzenpulli, sein braunhaariger Freund mit Kurzhaarfrisur hat ein braun-weiß gestreiftes Polo-T-Shirt an. Das Mädchen trägt einen grünen Stufenrock und eine Strumpfhose darunter. Sie trägt die gleichen Schuhen wie ihre Freunde. Ihr hellblaues Oberteil und der dunkle Schal machen ihr Outfit bunt und flippig. Hinter den langen rot schimmernden Locken vermutet der Zuschauer ein keckes Wesen. Ihr Gesichtsausdruck spricht für Selbstsicherheit und Durchsetzungsvermögen. Alle Darsteller wirken gleichermaßen in das Geschehen involviert. Ihren Auftrag, den computeranimierten Freunden zu helfen nehmen sie sehr ernst, was ihre Gestik und Euphorie zum Ausdruck bringen. Wie die Trickfiguren des Team Actimel trägt jeder von ihnen einen Meldeempfänger am Arm. Insgesamt wirken sie optisch gleichgestellt und zusammengehörig.

Einen ausgewogenen Eindruck zwischen den Darstellern schafft auch die Kameratechnik. Die Kinder stehen gleich oft im Mittelpunkt. Während der blonde Junge als erster Sprecher ins Bild kommt und anschließend mit dem Mädchen zusammen dargestellt ist, liegt das Augenmerk in Einstellung 13 auf seinem Freund. Die beiden anderen sind hier unscharf im Blickfeld des Betrachters, und damit im Hintergrund des Geschehens. Einstellung 18 (siehe Darstellung 7 unten rechts) zeigt wiederum alle zusammen, wie sie ihren Superhelden-Freunden gegenüberstehen. Das Mädchen steht in der Mitte ihrer Freunde, d. h. sie gehört dazu und ist eine von ihnen. Alle Einstellungen zeigen die Kinder in Augenhöhe, auch das unterstreicht ihre Gleichberechtigung untereinander.

Darstellung 7: Abbildungen aus dem Spot für Actimel von Danone

<u>Ton</u>

Die Darsteller im Spot sprechen schnell, dadurch wirken sie aufgelöst. Die Stimmen der fiktiven Figuren klingen unnatürlich und hektisch. Das musikalische Zusammenspiel aus Streichinstrumenten und Blechbläsern erzeugt Dramatik und Spannung. Der zügige und antreibende Rhythmus versetzt den Zuschauer in Aufregung. Ebenso die Flieger- und Angriffsgeräusche im Hintergrund. Alles zusammen deutet auf ein abenteuerliches Spielerlebnis hin. Das Versprechen „Mit Actimel bist du garantiert jeden Morgen actimelisiert!" singen die drei Werbecharaktere zum Schluss im Chor. Die begleitende Melodie dazu stellt im Gegensatz zur vorangegangenen Musik einen beruhigenden Abschluss dar, der dem Publikum im Ohr bleibt.

Resümee: Unter Freunden

Obwohl im Kinderwerbespot für Actimel mit Jungen und Mädchen geworben wird, also davon auszugehen ist, dass beide Geschlechter angesprochen werden sollen, sind es hauptsächlich jungenspezifische Gestaltungsmerkmale, die den Spot prägen. In diesem Zusammenhang fällt besonders die Farbgebung in Weiß, Blau, Grün und Braun auf. Ebenso ist das Genre Abenteuer, das hier über Inhalt, Bild und Ton inszeniert ist, häufig – auch in den bisherigen Analysen – dem männlichen Geschlecht vorbehalten.

Dennoch, das Mädchen spielt im Spot eine gleichberechtigte Rolle, was sowohl durch das Aussehen der Protagonisten (gleiche Körpergröße, gleiche Schuhe, gleiches Armband), als auch durch den Textumfang (jeder einen Satz von 5-6 Wörtern) sowie durch die Kameratechnik (quantitatives Vorkommen und Augenhöhe) zum Ausdruck gebracht wird. Im Gegensatz zu den Mädchen in den zuvor analysierten Werbespots bedient die Darstellerin hier keine allgemein bekannten Geschlechterklischees. In diesem Fall konstruiert die Werbung ein Bild von einem Mädchen, das ebenso wie Jungen, an spannenden Abenteuern interessiert und mutig genug ist für das *Gute* zu kämpfen.

3.3.2.7 Nintendo Wii Family Trainer

Der Nintendo Wii Family Trainer ist ein aktives Videospiel, das über die Spielkonsole Nintendo Wii und eine spezielle Fernbedienung mit Bewegungssensoren die Hand- und Fußtätigkeiten auf der zugehörigen Spielmatte verzeichnet. Auf diese Weise können von den Mitspielern verschiedene Freizeit- und Sportaktivitäten vor dem Fernsehbildschirm simuliert werden. Wie der Name des Produkts Family Trainer bereits ankündigt, richtet sich das Spiel nicht an eine bestimmte Alters- oder Geschlechtergruppe. Der Hersteller Atari wirbt vielmehr mit einem gemeinschaftlichen Spielerlebnis.

Im Werbespot sitzt eine Familie zusammen auf der Couch und langweilt sich, bis sie sich entschließt, das beworbene Konsolenspiel zu spielen. Abwechselnd probieren Vater, Mutter, Sohn und Tochter die unterschiedlichen

Disziplinen aus und feuern sich gegenseitig dabei an. Eine Off-Sprecherin kommentiert den Spot. Sie begleitet inhaltlich das Geschehen mit folgendem Text: „Ein Wochenende kann ganz schön langweilig sein. Aber nicht mit Family Trainer. Runter vom Sofa. Hände und Füße auf die Matte. Und los geht's. Alleine oder gemeinsam mit deiner Familie. Jeder kann mitmachen. Unzählige Möglichkeiten spielerisch aktiv zu werden. Family Trainer. Exklusiv für Nintendo Wii." Fünf von 45 Wörtern insgesamt betonen das familiäre Zusammenkommen im Spiel. Zweimal fällt der Anglizismus Family in Verbindung mit dem Produktnamen, je einmal heißt es gemeinsam, Familie und jeder. Obwohl damit die Familie als Gemeinschaft angesprochen wird, fällt im Spot die direkte Anrede deiner in der 2. Person Singular auf. Die Kinder werden dazu angeregt als Initiator zu fungieren. Die Handlungsaufforderungen, das Sofa zu verlassen und auf der Spielmatte aktiv zu werden, wirken ebenfalls motivierend. Weiterhin verspricht der Text unzählige Spieloptionen. Diese Hyperbel weckt vor allem Neugier.

<u>Bild</u>

Vom Produkt sind im Spot neben der temporär eingeblendeten Spielhandlung auf dem Monitor, die Spielmatte und Fernbedienung zu sehen, auf und mit denen die Familie agiert. Alles ist hauptsächlich weiß gestaltet. Lediglich die Spielflächen auf der Matte sind orange und blau markiert. Ebenso farblos ist der gesamte Hintergrund zu beschreiben. Die weiße Couch und Wandfläche, der grelle Lichteinfall sowie der helle Holzboden erwecken einen beinahe sterilen Eindruck. Umso farbintensiver erscheint im Vergleich das Spielgeschehen auf dem Monitor. Dadurch verdeutlicht der Spot, wie fröhlich und aufregend Familienleben mit dem richtigen, nämlich beworbenen Spiel sein kann. Gleichzeitig bewirkt die neutrale Farbgebung, dass sich Jungen und Mädchen, Männer und Frauen gleichermaßen einbezogen fühlen. Dies wird ebenfalls durch die gleichmäßige Abbildung beider Geschlechter erreicht. Die Werbefamilie stellt ein idealtypisches Muster aus Eltern, Sohn und Tochter dar. Vater und Mutter sind unauffällig und farblich dezent gekleidet. Beide haben dunkle Haare und sind schlank. Die Kinder, beide sehr zierlich, bringen hingegen etwas Farbe ins Bild. Während der Junge ein Hemd in Orange trägt, ist seine kleinere Schwester mit einem weiß-rot geblümten Oberteil bekleidet. Alle sind barfuß, was die familiär-private Situation und die

Gleichberechtigung untereinander zum Ausdruck bringt. Ferner wird dieser Anschein durch das nonverbale Verhalten unterstützt. Einheitlich sind sie zunächst gelangweilt und teilnahmslos, synchron vollzieht sich der Stimmungswechsel, nach welchem die Familie zusammen jubelt und lacht.

Die sozialen Rollen der Charaktere im Spot beschränken sich keineswegs auf das Geschlecht an sich. Vielmehr sind es die Rollen als Familienmitglieder, die sie einnehmen, also als Vater und Mutter, als Sohn und Tochter oder Bruder und Schwester. Dabei dominiert der Junge die Beziehung unter den Geschwistern, was dadurch zum Ausdruck gebracht wird, dass er die Fernbedienung in der Hand hält und somit die Spielführung innehat (Einstellung 9, siehe Darstellung 8 rechts unten). Allerdings deutet das in diesem Fall kaum auf geschlechtliche Ungerechtigkeit hin, sondern ist damit zu begründen, dass er einen Kopf größer und damit älter ist.

Die Kameraführung unterstützt durch die häufigen Gesamtaufnahmen der Familie das gemeinschaftliche Bild. Ein Drittel der Einstellungen zeigen alle vier Familienmitglieder, entweder auf Augenhöhe in Halbtotaler oder aus Vogelperspektive in größerer Distanz zur Kamera (Totalansicht). In beiden Varianten bilden die Charaktere eine Einheit. Während die Vogelperspektive in der Filmtechnik oftmals ein Mittel zur Darstellung von Schwäche und Unterlegenheit ist, vermittelt sie in diesem Fall durch die gebündelte Anordnung der Personen in der Mitte des Bildes Zusammengehörigkeit und Stärke. Bis auf wenige weiche Schwenks ist die Kameraführung statisch. Dies spricht für gefestigte und konstante Verhältnisse. Die schnellen und wilden Kamerafahrten (Einstellung 8 und 10) im Spielmodus versprechen dagegen Erlebnis und Abenteuer. Für Abwechslung steht vor allem Einstellung 14. Hier ist der Bildschirm aufgeteilt in neun Fenster. Fünf davon zeigen die Familie beim Spiel, vier das Computerspiel auf dem Monitor eingeblendet.

Darstellung 8: Abbildungen aus dem Spot für den Nintendo Wii Family Trainer

Ton

Das Spielerlebnis mit dem beworbenen Produkt wird im Spot auch auditiv vermittelt. Zunächst sind in diesem Zusammenhang die Hintergrundgeräusche zu nennen. Kinderlachen und Begeisterungsausrufe der Protagonisten sind zu hören. Ebenso die Geräusche aus dem Spiel selbst. Die Stimmungswandlung wird dadurch hörbar, dass zunächst eine Spieluhr ein paar einschläfernde Töne wiedergibt. Sobald allerdings die Off-Sprecherin vom Produkt spricht, setzt ein zackiger mitreißender Rhythmus aus einem Synthesizer ein. Blechblasinstrumente dominieren schließlich den musikalischen Höhepunkt, der bei dem Stichwort aus dem Off gemeinsam einsetzt, d. h. auch über die Musik wird in erster Linie die Beschäftigung in der Gruppe in den Vordergrund gestellt.

Resümee: Familienleben

Der Werbespot für den Nintendo Wii Family Trainer bildet im Gegensatz zu den bisher analysierten Spots nicht nur Kinder, sondern eine komplette Familie ab. Die Werbetreibenden arbeiten hier mit der Wunschvorstellung nach einem intakten und harmonischen Alltag zwischen Eltern und Geschwistern. Es wird gemeinsam gespielt und gelacht. Dabei sind die Kinder nicht in ihrer Rolle als Mädchen und Junge, sondern als Bruder und Schwester bzw. Sohn und Tochter dargestellt. Sie sind ihrem Geschlecht entsprechend gekleidet (Mädchen mit geblümter Bluse, Junge mit Hemd), deshalb weil beide Geschlechter mit der Werbung angesprochen werden sollen. Das Produkt ist für eine breite Zielgruppe entwickelt, sodass aus diesem Grund keine markanten Mädchen- und Jungenklischees zum Ausdruck kommen. In diesem Fall soll der Familieneinklang den Kaufreiz wecken. Um das zu erreichen, werden Gleichstellung, Ausgewogenheit und gemeinsame Interessen vermittelt.

3.3.3 Zusammenfassung der Ergebnisse

Die Ergebnisse, die aus der Kategorienbildung und den Analysen resultieren, bestätigen die der Arbeit zugrunde liegende Hypothese, dass die Werbung für Kinder – noch immer – überwiegend traditionelle Geschlechterrollen bereithält. Mehrheitlich adressieren die Spots der ersten Stichprobe Jungen oder Mädchen. Ausschließlich bedienen diese geschlechtsspezifischen Werbefilme allgemeinhin bekannte Klischees und Vorstellungen darüber, wie Jungen und Mädchen zu sein haben, womit sie spielen, was sie mögen und wie sie sich verhalten. Die Stereotype werden nachdrücklich – weil sowohl durch den Inhalt, als auch über Bild und Ton – vermittelt. Die Beantwortung der Forschungsfragen geht zum einen aus der Kategorienbildung hervor. Es wird deutlich, welche unterschiedlichen Ausprägungen von Geschlechterklischees konstruiert werden (erste Forschungsfrage). Zum anderen wird mit den Detailanalysen deutlich, wie die vorherrschenden Klischees, inhaltlich, visuell und auditiv vermittelt werden (zweite Forschungsfrage). Die Ergebnisse fasse ich im Folgenden zusammen.

Lassen sich die Jungenspots den zwei gleichgroßen Kategorien Kraftfahrzeuge & Technik und Abenteuer & Kampf zuteilen, entstehen bei den Mädchenspots hingegen die drei eindeutigen Spottypen Design & Styling, Mütterliche Fürsorge und Märchen & Fantasie. Hinzu kommt eine Vielzahl von einzelnen Spots, die mehrere unterschiedliche weibliche Klischees enthalten. Dabei fällt ins Auge, dass auf beiden Seiten ausschließlich bekannte Stereotype bedient werden.

3.3.3.1 Männliche Geschlechterklischees in Jungenwerbung

Jungen werden von der Werbung als Abenteurer, Kämpfer, Helden und Technik- bzw. Autofans dargestellt. Den analysierten Werbespots nach zu urteilen, sind sie mutig und entschlossen. Sie stehen für das Gute ein und kämpfen gegen das Böse. Oder sie messen sich im Wettkampf unter Freunden. Als Technikfans interessieren sie sich besonders für Autos. Doch auch diese repräsentieren ihre Vorliebe für den Wettbewerb. So müssen die eigenen Kraftfahrzeuge besser ausgestattet sein, schneller und robuster sein, als die der Mitstreiter. Ihr Siegeswille kommt in den Spots vor allem durch ihre Mimik zum Ausdruck. Sie sind ernst, blicken dem Zuschauer höchst entschlossen, beinahe aggressiv entgegen. Die dominierenden Farben sind im Lego-Spot dunkel, also schwarz, blau und grün oder aber grell und beißend kombiniert, wie dies in der Hot-Wheels Werbung der Fall ist. Beide Beispiele schaffen eine düstere Stimmung und erzeugen Spannung.

Macht und Stärke werden inhaltlich sowohl über den Text und die Produktnamen, als auch über das Geschehen im Spot kommuniziert. Oft verwendete Adjektive sind groß oder heiß bzw. auf Englisch hot. Auch die Symbole (wie das Feuer) und Hintergrundgeräusche von Maschinen oder Explosionen unterstreichen das Klischee von männlichem Machtbestreben. Gleichzeitig bedienen sie auditiv und visuell die Vorstellung von Jungen, die von Abenteuerlust und Erlebnisdurst angetrieben sind.

3.3.3.2 Weibliche Geschlechterklischees in Mädchenwerbung

Mädchen werden von der Werbung hauptsächlich als Designerin oder Stylistin, als Puppenmutter und Prinzessin dargestellt. Entweder gehen sie in der Rolle der Puppenmutter auf und kümmern sich fürsorglich um ihren Spielnachwuchs oder sie beschäftigen sich mit ihrem Aus- bzw. Ansehen und dem anderer.

Während Jungen in den geschlechtsspezifischen Spots stets für etwas oder gegeneinander kämpfen und in Wettbewerb zueinander treten, spielen Mädchen in der Werbung ausschließlich gemeinsam. Sie treten als beste Freundinnen auf, machen einen fröhlichen und unbeschwerten Eindruck. Dieser wird in allen drei analysierten Mädchenspots vor allem durch Lachen erzeugt. Die Gesichter der Protagonistinnen strahlen und im Hintergrund ist das Kichern der Mädchen oder Puppen zu hören. Das Klischee, dass Mädchen harmoniebedürftig seien, wird sehr deutlich über Text, Bild und Ton gleichermaßen vermittelt. Ausdrücke wie sich kümmern, sich verbunden fühlen oder sich lieben sind bezeichnend (besonders für die beiden Puppenspots). Die vornehmlich in Rosa gehaltene, auffallend vermeintlich mädchenhafte Farbgebung sowie die Herzen als oft verwendetes Symbol intensivieren die liebevolle Atmosphäre ebenfalls. Weiterhin trägt die melodische musikalische Begleitung je zur harmonischen Stimmung bei.

Ein anderes Stereotyp, das die analysierten Spots bedienen, ist die Vorstellung, dass schon junge Mädchen besonderen Wert auf Äußerlichkeiten, wie Frisur, Kleidung und Make-up legen. Dies wird vor allem durch die Produkte an sich zum Ausdruck gebracht, die aufgrund ihres hübschen Aussehens angehimmelt werden (Barbies) oder mit denen das eigene Aussehen verändert werden kann (Bildbearbeitungssoftware). Bildlich wird dieses Klischee mit dem Spiegel als Symbol für Eitelkeit, aber auch mit der visualisierten Wunschvorstellung des Star-Seins vermittelt.

3.3.3.3 Mädchen und Jungen gemeinsam

Die Spots, in denen Jungen und Mädchen gemeinsam auftreten, weisen keine auffälligen Geschlechterklischees auf. Im Gegenteil: Geschlecht scheint kaum eine Rolle zu spielen, sobald mehrere Kinder beider Geschlechter zusammen kommen. Jungen und Mädchen interessieren sich in diesen Spots für die gleichen Dinge (nämlich das Produkt, das beworben wird), haben gemeinsam Spaß und sind gleichberechtigt dargestellt. Ihre soziale Rolle beschränkt sich nicht auf das Geschlecht, sie sind nicht in erster Linie Junge oder Mädchen, sondern Tochter, Sohn, Schwester, Bruder oder Freund bzw. Freundin.

Die geschlechtsneutralen Werbungen vereinen ferner zwei wesentliche Merkmale aus den geschlechtsspezifischen. So geht es zwar einerseits in den Spots darum ein Abenteuer zu erleben (Actimel), bzw. darum einen (Wett-) Kampf zu bestehen (Family Trainer), andererseits liegt die Betonung auf der Gemeinschaft und dem ausgewogenen, harmonischen Verhältnis, wie das zuvor bei den Spots für und mit Mädchen herausgestellt wurde.

3.3.3.4 Resümee: Dichotomie im Geschlechterverhältnis

Auffällig ist, dass die den Mädchen und Jungen je zugeschriebenen Eigenschaften der geschlechtsspezifischen Spots dichotom sind. Es gibt keinerlei Übereinstimmungen. Im Gegenteil, vielmehr handelt es sich ausschließlich um Gegensatzpaare wie Wettkampf vs. Zusammenspiel, hell vs. dunkel, Rot vs. Blau, Puppen vs. Autos, munter vs. ernst usw. Die Eigenschaften und Interessen sind demnach eindeutig einem bestimmten Geschlecht zugeordnet, was zusätzlich dadurch verdeutlicht wird, dass diese Spots immer einen ihrem Geschlecht entsprechenden Off-Sprecher haben, d. h. Jungenspots werden ausschließlich von männlichen Stimmen besprochen. Umgekehrt ist das bei Mädchenspots mit weiblichen Off-Sprecherinnen der Fall. Die Überzeugung, dass Geschlechterunterschiede natürlich gegeben also zeitlos sind, wird dadurch zum Ausdruck gebracht, dass es sich um erwachsene (oder jugendliche) Sprecher handelt.

Der Off-Text bei gemeinsamen Spots wird dagegen von Frauen oder Männern gesprochen. Das Verhältnis insgesamt ist ausgewogen. Zum Teil wechseln sie sich innerhalb einer Werbung ab oder teilen sich auf in gesprochene und gesungene Parts. Die Dichotomie der geschlechtsspezifischen Spots wird bei den gemeinsamen Spots aufgehoben, die Grenzen zwischen den Geschlechtern geöffnet.

4 Diskussion und Fazit

Mit der methodischen Vorgehensweise der Kategorienbildung konnten zunächst die verschiedenen Ausprägungen von Geschlechterklischees in Kinderfernsehwerbung aufgezeigt werden. Die Kommunikation dieser Klischees über Inhalt, Bild und Ton wurde mit Hilfe von qualitativen Inhaltsanalysen manifestiert.

Die Ergebnisse lassen folgende Schlüsse zu: Sind Mädchen und Jungen im Alter von 3 bis 13 Jahren in der Werbung getrennt voneinander abgebildet, verkörpern sie ausschließlich traditionelle Geschlechtervorstellungen, die auf mehreren Wahrnehmungsebenen vermittelt werden. Die jeweiligen Stereotype stehen in einem dichotomen Verhältnis zueinander. Sind die Kinder dagegen gemeinsam dargestellt, verschwimmen die klaren Geschlechtergrenzen, was die Voraussetzungen für ein gleichberechtigtes Miteinander schafft.

Vor dem Hintergrund der gesellschaftlichen Bemühungen um Gleichberechtigung und neue, moderne Strukturen im Geschlechterverhältnis liegt die Gefahr darin, dass Kinder sich die medialen Bilder zu Vorbildern machen und sie auf diese Weise traditionelle, zum Teil überholte Muster verinnerlichen und aufrechterhalten. Je nach Blickwinkel – und möglicherweise auch persönlicher Einstellung – fallen Einschätzung und Erklärungsansätze von Experten zu diesem Thema aus. Im Folgenden trage ich Meinungen aus verschiedenen Perspektiven zusammen. Befragt wurden der Medienpädagoge Ralf Diessner (Erzbistum Köln, Fachbereich Medien und Kommunikation), Sandra Fösken als Fachautorin für Marketing und Medien (z. B. Absatzwirtschaft und Creditreform), von werbeschaffender Seite Stefan Warth (Elements of Art, Agentur für Kinder- und Jugendmarketing) und Axel Dammler aus der Kinder- und Jugendmarktforschung (Iconkids & Youth International Research).

Dass Kinderwerbung eindeutig klischeehaft ist, darüber sind sich die Experten einig. Sie bekräftigen damit die Ergebnisse der vorliegenden Arbeit. „Nach wie vor werden Mädchen angesprochen mit Produkten, die etwas mit Babys, Mode und Schminken oder Tieren zu tun haben, während Jungs mit Raumschiff und Autos, Technik allgemein und Sport beworben werden", schildert Ralf Diessner seinen Eindruck zum werblichen Mädchen- und Jungenbild. Typische Geschlechterrollen würden präsentiert. Dies seien die weibliche Rolle als „Hausfrau und Mutter" oder aber die sich schminkende und frisierende „Dame von Welt". Jungen dagegen würden auf kämpferische Verhaltensmuster festgelegt. Die Tendenz zu solchen Stereotypen nimmt seiner Meinung nach in den letzten Jahren wieder zu. Speziell bei Werbung für das Alter zwischen acht und zwölf Jahren gelte die klassische Rollenverteilung, so äußert Stefan Warth seinen Standpunkt, während die Werbung für Kinder von 13-16 Jahre generischer würde. Sandra Fösken führt an, dass es von der Branche abhängig ist, ob eine unterschiedliche Ansprache von Jungen und Mädchen stattfindet. „Die Hersteller von schnell drehenden Konsumgütern wie Kinderschokolade, Toffifee oder Fruchtzwerge sprechen Kinder und Eltern gleichermaßen an. Hier stelle ich keine Unterschiede fest", schildert sie ihre Beobachtungen und bestärkt damit ebenfalls die Ergebnisse der vorangegangenen Analyse.

Dies hat, wie das Kapitel zum Thema Werbestrategien (2.4.1) als auch die folgenden Einschätzungen der Experten aus der Praxis unterstreichen, in erster Linie wirtschaftliche Gründe. Ein Produkt muss aus werbetreibender Sicht Bedürfnisse wecken, die zum Kauf motivieren. Die nach Geschlecht getrennte Zielgruppe bei Spielzeugartikeln wird folglich geschlechtsspezifisch angesprochen, um Identifikation zu fördern. Ebenso wird die gemischte Zielgruppe von Gemeinschaftsspielen und Lebensmittelprodukten möglichst geschlechtsneutral behandelt, um weder Jungen noch Mädchen als potenzielle Käufer auszuschließen. Diese Kausalität verdeutlicht, wie tief die stereotypisierte Denkweise in den gesellschaftlichen Strukturen verankert ist. Mädchen spielen mit Puppen, Jungen mit Autos – eine alternative, gar umgekehrte Vorstellung kommt nicht infrage. Dementsprechend wird auf dem Spielzeugmarkt strikt nach Geschlecht getrennt produziert. Doch die Industrie würde nicht herstellen, was keine Abnehmer fände. Und so schließt sich der Kreislauf der gegenseitigen Einflussnahme zwischen Hersteller, Werbung und Konsumenten. Letztere sind keineswegs ausschließlich Kinder. Ebenso tragen die Erwachsenen als Käufer bzw. Geldgeber dazu bei, dass die traditionelle Geschlechtertrennung auf dem Spielzeugmarkt, in der Werbewelt und damit in der Gesellschaft aufrechterhalten wird.

Die Erklärungsansätze der Experten für die stereotypisierte Darstellung von Mädchen und Jungen in der Werbung fallen unterschiedlich aus. „Die Werbung versucht die traditionelle Geschlechterkonstruktion zu verstärken, um die Zielgruppen für ihre Produkte aufrecht zu erhalten.", erklärt Warth aus der Sicht der Werbetreibenden. Die allmähliche Auflösung des klassischen Rollenverständnisses als Folge der Emanzipation sorge dafür, dass Marken und Produkte, die früher noch eindeutig Mann oder Frau zugeordnet werden konnten, ihre trennscharfe Zielgruppe teilweise verlieren. Zwangsläufig müsse sich die Werbung darauf konzentrieren geschlechtsspezifische Bedürfnisse, Wünsche und Anforderungen vorzugeben, die das beworbene Produkt zu erfüllen verspricht.

Auch Diessner argumentiert über das primäre ökonomische Ziel der Werbung. Diese habe keinesfalls Interesse daran, gesellschaftliche Strukturen zu verändern. Der einzige Zweck sei Bedürfnisse zu wecken und Kaufanreize zu schaffen, um so den Umsatz zu steigern. Er weist darauf hin, dass dies nicht mit pädagogischen Ansprüchen einhergeht: „Während Erziehung eine kritische Reflexion und Einsicht in eigenes Verhalten und dessen Konsequenzen erreichen möchte, dient Werbung allein dem Zweck Konsummaximierung für ein bestimmtes Produkt. Es ist deshalb oft so, dass Werbung und Erziehung Ziele verfolgen, die konträr sind."

Fösken sieht dagegen in dem elterlichen Wunsch nach traditioneller Erziehung den Grund für das klassische Werbebild. Eltern, Großeltern und andere Familienmitglieder seien schließlich die Käufer der Produkte. Sie seien selber noch traditionell erzogen worden und würden das an ihre Kinder weitergeben wollen. „Eltern möchten auch heute noch ihre Kinder weitestgehend traditionell erziehen." Demnach käme ihnen die klassische geschlechtsspezifische Werbeansprache entgegen. Ihrer Meinung nach wird sich trotz gesellschaftlicher Veränderungen an der traditionellen Rollenverteilung zukünftig nicht viel ändern. „Es wird auch noch in 20 Jahren so ein, dass Mädchen mit Puppen spielen und Jungs mit Autos. Männer können schließlich auch keine Kinder kriegen und stillen", schlussfolgert die Marketing-Autorin.

Ähnlich argumentiert Axel Dammler. Er spricht von fest verankerten, archaisch festgelegten menschlichen Reizen, Funktionen und Bedürfnissen, mit denen die Werbung arbeite. Jungen hätten demnach ein natürliches Aggressions-, Mädchen ein Fürsorgepotenzial, das je entsprechend kanalisiert werden müsse. Dammler betont, entgegen der Meinung Warths und Diessners, dass Werbung keinesfalls Geschlechterbilder konstruiert. Sie greife lediglich auf, was in der Wirklichkeit bereits vorhanden sei. Dabei könne auch nicht von Verstärken die Rede sein. „Werbung versucht die latenten menschlichen Bedürfnisse manifest zu machen. Sie würde sich nie etwas ausdenken und versuchen, die Gedankenstrukturen der Kunden zu verändern. Das wäre viel zu aufwendig und zu teuer", versichert er. Ebenso ist er davon überzeugt, dass Werbung keine Vorbildfunktion zukommt. Dies sei in den 20 bis 30 Sekunden Spotlänge nicht zu leisten. – Dass die Spots in regelmäßigen Abständen und in hoher Wiederholungsrate gesendet werden und sie allesamt ähnliche Bilder transportieren, lässt er als Gegenargumente nicht gelten. Dammlers Ansicht steht damit stark im Widerspruch zu der konstruktivistischen Sichtweise, die der Arbeit zugrunde liegt.

Problematisch sei, dass zwischen dem natürlichen Bestreben von Jungen und den sozialen Erwartungen in der Gesellschaft eine größere Kluft bestehe, als dies bei Mädchen der Fall sei. „Jungs sind heute in einer Problemlage. Ihnen wird gesagt, dass sie brav sein sollen. Status haben und beweisen, ist böse. Mädchen werden hingegen in dem was sie tun gesellschaftlich bestärkt." Normatives Denken darüber wie Kinder sein sollten habe mit der Realität nichts zu tun. Werbung hole die Kinder da ab, wo sie tatsächlich stünden.

Jungen werden in den geschlechtsspezifischen Spots einerseits auf kämpferische und abenteuerliche Eigenschaften, andererseits auf technische Interessen beschränkt. Fröhliche, emotionale oder sensible Seiten zeigen sie nicht. Die Werbebilder erwecken den Anschein, als gäbe es gar keine Jungen mit diesen Charakterzügen. Kinder diesem Eindruck auszusetzen steht dem gesellschaftlichen Bestreben nach einem friedlichen Miteinander deutlich entgegen. Dammler zufolge bildet die Werbung lediglich die Realität ab. Äußerst fraglich ist allerdings, dass Jungen tatsächlich ausschließlich auf diese einseitigen Charakteristika festgelegt werden können. Andererseits, auf dieses Problem macht Dammler selber aufmerksam, stehen diese Werbebilder ganz im Gegensatz zu den sozialen Anforderungen, denen Jungen in Schule und Elternhaus ausgesetzt sind und die für ein gleichberechtigtes, gemeinschaftliches Zusammenleben maßgeblich sind.

Mädchen werden durch die Werbung hingegen auf ihre zukünftige Rolle als Frau vorbereitet, die auf klassisch weibliche Aufgaben beschränkt bleibt: Erziehung, Haushalt, Schönheit und Träumerei. Hier schlagen sich die werblichen Frauentypen der Hausfrau, Verführerin und Nichtstuerin nieder, die Schmerl für Erwachsene herausstellt. – Dass die Mädchen im Imitieren dieser Rollen bestärkt werden, ist insofern problematisch, als dass der Eindruck entsteht, die Gesellschaft halte keine Alternativen bereit. Mit Puppen oder Computerspielen spielen sie das Erwachsenenleben nach. Die Rolle als fürsorgliche Mutter üben sie mit Puppen, in denen Chips echte Entwicklungsabläufe simulieren (das Baby bekommt Zähne). Beliebig oft können diese Szenarien wiederholt werden. Bei der Rolle als Designerin und Sylistin fällt auf, dass in diesem Zusammenhang für Produkte geworben wird, die nicht das eigene Aussehen der Protagonistinnen direkt verändern. Hier sind es wiederum Puppen oder Bildbearbeitungsprogramme, mit denen das Frisieren, Schminken usw. erprobt wird. D. h., den Kindern wird von klein auf suggeriert, dass sie sich mit Aussehen, Mode und Make-up beschäftigen, vorausgesetzt sie sind ein Mädchen. Die Gefahr liegt darin, sie auf diese Weise zu bestärken, einem Schönheitsideal nachzueifern, das ihnen die Medien liefern. Noch geht es nicht darum selber am schönsten auszusehen, sondern den coolsten Look für andere zu kreieren und darüber zum Star zu werden. Auch in den Fantasie- und Märchen Spots geht es um Aussehen, Kleidung und Reichtum (Diamanten und Schlösser). Die Mädchen träumen sich in die Welt von Prinzessinnen, in der sie am schönsten aussehen und besonders talentiert sind.

Die klassischen Rollenbilder, die den Kindern durch die spezifische Werbung vermittelt werden, entsprechen eindeutig der Klischeehaftigkeit, welche in Kapitel 2.4.3 des Buches auch für die Werbebilder von Mann und Frau herausgestellt wurde. Während für Erwachsenenwerbung allerdings Tendenzen einer Rollenverschiebung festzustellen sind, d. h. teilweise auch kochende Väter und abwaschende Hausmänner, sowie arbeitende und selbstständige Frauen gezeigt werden, ist eine solche Öffnung der Geschlechtergrenzen bei Kinderwerbung nicht auszumachen.

Zwar bilden Werbespots, die sich an beide Geschlechter richten, neutrale und gleichberechtigte Verhältnisse ab, jedoch bieten diese kaum alternative Geschlechterkonstruktionen. Vornehmlich tritt Geschlecht hier in den Hintergrund. Ausnahmen stellen in den Spots die Mädchen dar, die anders als in den geschlechtsspezifischen Spots, ebenso wie Jungen an Abenteuer (Actimel Spot) und spielerischem Wettkampf (Wii Family Trainer) interessiert sind. In Literatur und Film gibt es eine Reihe von Beispielen, die ein solches Mädchenbild transportieren. Die starke, freche und aufgeweckte Pippi Langstrumpf ist ein klassisches Beispiel. Die Wilden Hühner ein neuzeitliches. In der Geschichte von Cornelia Funke geht es um eine Gruppe von Mädchen, die sich zusammenschließt, um sich gegen eine Jungenbande zu behaupten. Solch ausgeprägte weibliche Persönlichkeiten existieren in der Werbung nicht. Dennoch sind es die Mädchen, die für das Zusammenspiel von Mädchen und Jungen ihren geschlechtstypischen Raum verlassen und entgegengesetzte, als hauptsächlich männlich geltende, Persönlichkeitsmerkmale annehmen. Umgekehrt ist das nicht der Fall. Die Mädchenwelt bleibt den Jungen gänzlich verschlossen. Jungen werden grundsätzlich nicht als Vater oder in der Vaterrolle gezeigt, weil Jungen eben nicht mit Puppen (zu) spielen (haben). Das Gleiche gilt für Mode- und Schönheitsthemen.

Diese Einseitigkeit spiegelt letztlich die gesellschaftliche Entwicklung wieder, nach der zunächst die Frauen begannen, als männlich festgeschriebene Sphären auch für sich zu beanspruchen. Umgekehrt dauert es bis heute an, dass sich Männer auf diese Entwicklungen einlassen. Dies betrifft private, politische wie auch berufliche Bereiche. Frauen tragen in Deutschland seit dem Ersten Weltkrieg Hosen, Männer bis heute selten Röcke. Männern und Frauen wird seit 1977 gesetzlich gleichermaßen zugestanden, arbeiten zu gehen. Knapp 30 Jahre später wird das Elterngeld eingeführt, das auch Männer darin bestärkt für Haushalt und Kindererziehung beruflich zu pausieren. Frauen erlangen 1919 das Wahlrecht, 2005, gut 85 Jahre später, wird die erste Frau in das Amt der Bundeskanzlerin gewählt.

Diese Beispiele zeigen, dass grundlegende Veränderungen im gesellschaftlichen Zusammenleben Zeit brauchen, sich zu etablieren und durchzusetzen. Wenn ein gesamtgesellschaftlicher Wandel in Bezug auf ein gleichberechtigtes Geschlechterverhältnis angestrebt wird, müssen auch Kindern andere als die traditionellen Rollen zugestanden werden. Denn solange die bekannten klassischen Vorstellungen von Geschlecht und die entsprechenden sozialen Rollen in solch maßgeblichen gesellschaftlichen Strukturen, wie den Massenmedien, verankert sind, kann sich auf gesamtgesellschaftlicher Ebene nur bedingt ein Wandel vollziehen.

Ausgehend von der Annahme, Werbung ist Teil der Wirklichkeit, weil sie Wirklichkeit schafft, dann liegt genau hier die Gefahr, ein Frauen- und Männerbild weiterhin zu bestärken, dass sich ohne den medialen Einfluss womöglich längst ganz anders gestalten könnte. Dies ist eine Verantwortung, der sich Werbemacher und Käufer nicht entziehen können. Zumal der Erfolg von Werbung in einer sich stets separierenden Gesellschaft in Zukunft eher darin liegen wird, sich auf differenzierte Lebensentwürfe zu berufen und der Vielfalt der Wirklichkeit gerecht zu werden, um möglichst viele verschiedene Menschen mit der rausgehenden Werbebotschaft zu erreichen.

Ob und wie lange es dauert, bis sich an den Bildern in der Werbung etwas ändert, ist fraglich. Faktisch ist Werbung aus rein wirtschaftlichen Gründen aus dem gesellschaftlichen System nicht mehr wegzudenken. Kinder müssen daher durch Eltern und Schule in ihrer Medienkompetenz gefördert werden. Sie müssen lernen, mit Werbung und den darin bestehenden Geschlechterkonstruktionen umzugehen. Werbekompetenz, d. h. Programm von Werbung zu unterscheiden, werbliche Absichten und Techniken (Wiederholung, Übertreibung, Verschleierung) zu durchschauen und Kritik daran zu üben.

Die vorliegenden Untersuchungsergebnisse verdeutlichen die einseitige und stereotypisierte Darstellungsweise von Kindern in der Werbung und sensibilisiert den Leser für klischeehafte Menschenbilder. Dass keine alternativen Rollen und Eigenschaften existieren, ist nicht zu bezweifeln, die Frage ist vielmehr, inwieweit Medien und Gesellschaft sie zulassen.

5 Perspektiven

Die Ergebnisse der vorliegenden Studie können durchaus als Grundstein für vertiefende und weiterführende Untersuchungen genutzt werden. Zunächst ist in diesem Zusammenhang erneut darauf hinzuweisen, dass es sich bei den ausgewählten Spots für die Detailanalyse um einzelne und möglichst typische Beispiele der jeweiligen Kategorien handelt. Um die Ergebnisse abzusichern, wäre es also in einem nächsten Schritt wichtig, die atypischen Fälle einer Kategorie auf die gleiche Weise zu analysieren und die Spannweite zwischen beiden herauszustellen.

Weiterhin könnte eine größere Stichprobe als Grundlage für die Kategorienbildung dienen. Während bei den Jungen zwar keine Spots bei der Klassifizierung übrig blieben, gab es bei den Mädchenspots dagegen eine Reihe von einzelnen Werbungen, die aufgrund ihrer geringen Anzahl noch keine eigene Kategorie bildeten. Hier ist es durchaus denkbar, dass bei einer größeren Stichprobe Einteilungen in Schönheit & Luxus, Haushalt oder Tiere/Pferde hinzukommen, die zu analysieren wären. Der Aufnahmeplan sollte dann über einen mehrwöchigen Zeitraum angelegt werden, da in einem Turnus von ca. vier bis sechs Wochen Werbung ausgewechselt wird. Die Erfahrungen dieser Studie zeigen, dass die meisten Spots auf Super RTL und einige zusätzliche auf RTL II gewonnen wurden. Eine Aufzeichnung dieser beiden Sender würde folglich ausreichen.

Nachdem die hier durchgeführte Analyse qualitative Erkenntnisse darüber liefert, welche Geschlechterbilder die Werbung von Kindern zeichnet, wäre es in einem weiteren Schritt sinnvoll, das quantitative Vorkommen der einzelnen Typen zu erforschen: Wie häufig wird das Mädchen als Mutter oder Designerin dargestellt? Oder welchen Werberaum nimmt der junge Abenteurer im Vergleich zum Techniker ein?

Ferner ist denkbar, die Untersuchung in fünf oder zehn Jahren zu wiederholen, um gegebenenfalls zukünftige Änderungen und Entwicklungen feststellen zu können. Die hier entstandenen Ergebnisse bestätigten die Erkenntnisse, die zehn Jahre zuvor publiziert und im theoretischen Teil zusammengestellt wurden. Abweichungen gab es keine.

Ebenfalls wäre interessant, andere Medien in die Untersuchung von Mädchen- und Jungenbildern in der Werbung einzubeziehen, wie z. B. Kinderzeitschriften oder Kinderwebsites im Internet. Darüber hinaus ist vorstellbar die Altersgruppe zu spezifizieren. In dieser Studie ging es um Kinder zwischen ca. 3 und 13 Jahren. Dies ist eine große Spanne. Allerdings kann die Altersbestimmung der Protagonisten nur ein Schätzwert sein, der sich am Aussehen und an der Zielgruppenempfehlung des Produkts orientiert. Dies könnte folglich zu methodischen Problemen führen. Zusätzliche Altersgruppen, wie Kleinkinder (0-3 Jahre) oder Jugendliche (14-18 Jahre), kämen als Untersuchungsgegenstand infrage. Beide blieben bei inhaltsanalytischen Untersuchungen zum Thema bisher weitestgehend unberücksichtigt.

Abseits der Inhaltsforschung ergeben sich weitere Fragen, die Teil der Sozialisations- bzw. Rezeptionsforschung sind. Ungewiss bleibt bisher, was genau Kinder von den medial präsentierten Bildern für sich, ihr Weltbild und ihr Rollenverständnis in der Gesellschaft als Junge und Mädchen auf- und übernehmen. Denkbar sind teilnehmende Beobachtungen beim Werbekonsum und anschließende Interviews mit Kindern und Eltern. Zu bedenken ist in Bezug auf die Wirkungsforschung, dass hier auch das Gesamtrahmenprogramm berücksichtigt werden muss, in dem die Werbung geschaltet wird, da es zusätzlicher Einflussfaktor ist. Ferner ergeben sich Fragen in Bezug auf die Entstehung der werblichen Geschlechterkonstruktionen durch die Produzenten. Auch hier könnte eine Untersuchung mit Experteninterviews Aufschluss bieten.

Anhang

A1 Aufnahmeplan der Werbespots

Aufnahmeplan für KW 46/2008

Sender	Tele 5	Super RTL	RTL II	Tele 5
Montag, 10.11.08	6:10-8:05	8:30-11:30	12:30-15:30	16:05-17:25
Sender	Tele 5	Super RTL	RTL II	Tele 5
Dienstag, 11.11.08	6:45-8:00	8:30-11:30	12:30-15:30	16:05-17:25
Sender	Tele 5	Super RTL	RTL II	Tele 5
Mittwoch, 12.11.08	6:00-8:00	8:30-11:30	12:30-15:30	16:05-17:25
Sender	Tele 5	Super RTL	RTL II	Tele 5
Donnerstag, 13.11.08	6:15-7:30	8:30-11:30	12:30-15:30	16:05-17:25
Sender	Tele 5	Super RTL	RTL II	Tele 5
Freitag, 14.11.08	6:05-7:50	8:30-11:30	12:30-15:30	16:05-17:25
Sender	RTL	Kabel Eins	Super RTL	
Samstag, 15.11.08	5:30-6:50	6:55-10:25	10:30-14:30	
Sender	RTL	Kabel Eins	Super RTL	
Sonntag, 16.11.08	5:00-6:40	6:50-10:50	11:00-15:00	

A2 Analysekatalog (blanko)

Analysedimension	*Subdimension*	*Analysefrage*
I. Inhalt		
a. Produkt	Produkt	Wie lautet der Name des Produkts? Worum handelt es sich?
	Produktkategorie	Welcher Kategorie lässt sich das Produkt zuordnen? (z. B. Spielzeug, Lebensmittel usw.)
	Hersteller/Firma	Welcher Hersteller verbirgt sich hinter dem Produkt?
b. Handlung	Spot	Was passiert im Spot?
	Protagonisten	Wer sind die Protagonisten? Welche Rolle spielen sie im Spot?

Analysedimension	***Subdimension***	***Analysefrage***
	Off-Sprecher	Wer sind die Off-Sprecher? Welche Rolle spielen sie im Spot? (Text sprechen, singen usw.)
c. Text	Off-Sprecher	Welchen Text kommuniziert der Off-Sprecher?
	Protagonisten	Welchen Text kommunizieren die Protagonisten?
	Liedtext	Welchen Text enthält das Spotlied?
		Welche Auffälligkeiten gibt es?
II. Bild		
a. Produkt	Aussehen	Wie sieht das Produkt aus? Wie ist das Größenverhältnis? Welche Farben dominieren?
	Produktpräsentation	Wie wird das Produkt in Szene gesetzt?
b. Protagonisten	Aussehen	Wie sehen die Protagonisten aus? Sind sie männlich oder weiblich? Was lässt sich über ihr nonverbales Verhalten (Mimik und Gestik) sagen?
	Kleidung	Was tragen sie für Kleidung?
	Accessoires	Welche Accessoires tragen sie an sich?
c. Hintergrund	Farben	Welche Farbe oder Farbrichtung dominiert das Bild?
	Licht	Welche Lichtverhältnisse herrschen vor?
	Symbole	Welche Symbole werden eingesetzt?
	Effekte	Welche (Spezial-)Effekte werden eingesetzt?
d. Kamera	Einstellungsgröße	Werden Protagonisten bzw. das Produkt in *Totaler, Naher* oder *Großer* gezeigt?
	Perspektiven	Werden Protagonisten bzw. Produkt auf gleicher Höhe, in Untersicht (Froschperspektive) oder Aufsicht (Vogelperspektive) gefilmt?

Analysedimension	*Subdimension*	*Analysefrage*
	Bewegung	Findet die Kamerabewegung als Schwenk oder Fahrt (oder Zoom) statt?
	Schnitttechnik	Handelt es sich um harte oder weiche Schnitte? Wird mit Überblendung, Montage oder Plansequenzen gearbeitet?
III. Ton		
a. Stimmen	Protagonisten	Wie ist die Stimme der Protagonisten zu charakterisieren?
	Off-Sprecher	Wie ist die Stimme des Off-Sprechers zu charakterisieren? Handelt es sich um eine männliche oder weibliche Stimme?
b. Musik	Art	Welcher Richtung ist die Musik zuzuordnen? Welche Instrumente sind rauszuhören?
	Lautstärke	Ist die Musik eine Begleitung im Hintergrund oder dominiert sie den Spot?
	Rhythmus	Welchen Rhythmus schlägt die Spotmusik an? Handelt es sich eher um einen schnellen oder langsamen Rhythmus?
c. Geräusche	Art	Um welche Art von Geräuschen handelt es sich? (z. B. Produktgeräusche)
	Lautstärke	Wie laut sind vorhandene Geräusche im Spot im Verhältnis zu restlichem Ton?

Literaturverzeichnis

Aristoteles: Über die Zeugung der Geschöpfe. Paderborn 1954: Schöningh.

Atkinson, Rita L. u. a.: Hilgards Einführung in die Psychologie. Berlin 2001: Spektrum Akademischer Verlag.

Aufenanger, Stefan u. a.: Weltbilder und Argumentationsmuster in Kinderwerbung: Werbespots und Spielsendungen. In: Charlton, Michael u. a.: Fernsehwerbung und Kinder. Das Werbeangebot in der Bundesrepublik Deutschland und seine Verarbeitung durch Kinder. Bd. 1 (Das Werbeangebot für Kinder im Fernsehen). Opladen 1995a: Leske + Budrich.

Aufenanger, Stefan: „Kindersendungen" und Unterbrecherwerbung – ein kritischer Beitrag zur Definitionsproblematik. In: Charlton, Michael u. a.: Fernsehwerbung und Kinder. Das Werbeangebot in der Bundesrepublik Deutschland und seine Verarbeitung durch Kinder. Bd. 1 (Das Werbeangebot für Kinder im Fernsehen). Opladen 1995b: Leske + Budrich.

Aufenanger, Stefan: Umfang und Programmumfeld von Kinderwerbung: Spotwerbung für Kinder und mit Kindern im deutschen Fernsehen. In: Charlton, Michael u. a.: Fernsehwerbung und Kinder. Das Werbeangebot in der Bundesrepublik Deutschland und seine Verarbeitung durch Kinder. Bd. 1 (Das Werbeangebot für Kinder im Fernsehen). Opladen 1995c: Leske + Budrich.

Aufenanger, Stefan: Verlockungen und Gefahren heutiger Werbewelten für Kinder. In: Meister, Dorothee M./Sander, Uwe (Hrsg.): Kinderalltag und Werbung. Zwischen Manipulation und Faszination. Neuwied 1997: Luchterhand.

Ayaß, Ruth: Qualitative Methoden der Medienforschung. Reinbek bei Hamburg 2006: Rowohlt.

Baacke, Dieter u. a.: Kinder und Werbung. Schriftenreihe des Bundesministeriums für Frauen und Jugend. Bd. 12. Stuttgart 1993: Kohlhammer.

Baacke, Dieter u. a.: Zielgruppe Kind: Kindliche Lebenswelt und Werbeinszenierungen. Opladen 1999: Leske + Budrich.

Baacke, Dieter: Zur Sozialisation von Kindern und Jugendlichen unter den Bedingungen der Kommunikationsstrukturen und Medienlandschaft des ausgehenden zwanzigsten Jahrhunderts. In: Meister, Dorothee M./Sander, Uwe (Hrsg.): Kinderalltag und Werbung. Zwischen Manipulation und Faszination. Neuwied 1997: Luchterhand.

Becker, Ruth/Kortendiek, Beate (Hrsg.): Handbuch Frauen- und Geschlechterforschung. Theorie, Methoden, Empirie. Wiesbaden 2004: VS Verlag für Sozialwissenschaften.

Becker-Schmidt, Regina/Knapp, Gudrun-Axeli: Feministische Theorien zur Einführung. Hamburg 2000: Junius.

Bentele, Günter/Brosius, Hans-Bernd/Jarren, Otfried (Hrsg.): Lexikon Kommunikations- und Medienwissenschaft. Wiesbaden 2006: VS Verlag für Sozialwissenschaften.

Berger, Peter L./Luckmann, Thomas: Die gesellschaftliche Konstruktion der Wirklichkeit. Eine Theorie der Wissenssoziologie. 21. Aufl. Frankfurt am Main 2007: Fischer-Taschenbuchverlag.

Bergler, Reinhold/Pörzgen, Brigitte: Frau und Werbung. Vorurteile und Forschungsergebnisse. Köln 1992: Deutscher Instituts-Verlag.

Bieber-Delfosse, Gabrielle: Vom Medienkind zum Kinderstar. Einfluss- und Wirkfaktoren auf Vorstellungen und Prozesse des Erwachsenwerdens. Opladen 2002: Leske + Budrich.

Böckelmann, Frank u. a.: Werbefernsehkinder. Fernsehwerbung vor und mit Kindern in der Bundesrepublik Deutschland. AfK-Studien, Bd. 14. Berlin 1979: Spiess.

Bonfadelli, Heinz: Medieninhaltsforschung. Grundlagen, Methoden, Anwendungen. Konstanz 2002: UVK Verlagsgesellschaft.

Borstnar, Nils: Männlichkeit und Werbung. Inszenierung, Typologie und Bedeutung. Kiel 2002: Ludwig.

Brosius, Hans-Bernd/Fahr, Andreas: Werbewirkung im Fernsehen: Aktuelle Befunde der Medienforschung. München 1998: Fischer.

Bublitz, Hannelore: Judith Butler zur Einführung. Hamburg 2002: Junius.

Budde, Jürgen: Die Geschlechterkonstruktion in der Moderne. Einführende Betrachtungen zu einem sozialwissenschaftlichen Phänomen. In: Luca, Renate (Hrsg.): Medien. Sozialisation. Geschlecht. Fallstudien aus der sozialwissenschaftlichen Forschungspraxis. München 2003: KoPäd Verlag.

Butler, Judith: Das Unbehagen der Geschlechter. Frankfurt am Main 1991: Suhrkamp.

Charlton, Michael u. a.: Fernsehwerbung und Kinder. Das Werbeangebot in der Bundesrepublik Deutschland und seine Verarbeitung durch Kinder. Bd. 1 (Das Werbeangebot für Kinder im Fernsehen). Opladen 1995a. Leske + Budrich.

Charlton, Michael u. a.: Fernsehwerbung und Kinder. Das Werbeangebot in der Bundesrepublik Deutschland und seine Verarbeitung durch Kinder. Bd. 2 (Rezeptionsanalyse und rechtliche Rahmenbedingungen). Opladen 1995b. Leske + Budrich.

Christmann, Gabriela B.: Inhaltsanalyse. In: Ayaß, Ruth: Qualitative Methoden der Medienforschung. Reinbek bei Hamburg 2006: Rowohlt.

Dastyari, Soheil: Antimaterie Mann. Männlichkeit in der Werbung. Bardowick 1999: Wissenschaftler-Verlag.

Diessner, Ralf: Kinder und Werbung. Artikel Online verfügbar unter: http://www.erzbistum-koeln.de/medien/paedagogik/stichwort_medienkompetenz/kinder_und_werbung.html. Stand 4.7.2008.

Dreßler, Raphaela: Vom Patriarchat zum androgynen Lustobjekt. In: Holtz-Bacha, Christina (Hrsg.): Stereotype? Frauen und Männer in der Werbung. Wiesbaden 2008: VS Verlag für Sozialwissenschaften.

Eckes, Thomas: Geschlechterstereotype: Von Rollen, Identitäten und Vorurteilen. In: Becker, Ruth/Kortendiek, Beate (Hrsg.): Handbuch Frauen- und Geschlechterforschung. Theorie, Methoden, Empirie. Wiesbaden 2004: VS Verlag für Sozialwissenschaften.

Erlinger, Dieter/Foltin, Hans-Friedrich (Hrsg.): Unterhaltung, Werbung und Zielgruppenprogramme. (Geschichte des Fernsehens in der Bundesrepublik Deutschland. Bd. 4). München 1994: Fink.

Feierabend, Sabine/Klingler Walter: Was Kinder sehen. Eine Analyse der Fernsehnutzung Drei- bis 13-Jähriger 2007. In: Media Perspektiven, H. 4/2008.

Flick, Uwe: Wissenschaftstheorie und das Verhältnis von qualitativer und quantitativer Forschung. In: Mikos, Lothar/Wegener, Claudia: Qualitative Medienforschung. Ein Handbuch. Konstanz 2005: UVK Verlagsgesellschaft.

Gildemeister, Regine: Carol Hagemann-White: Sozialisation: Weiblich – Männlich? In: Löw, Martina/Mathes, Bettina (Hrsg.): Schlüsselwerke der Geschlechterforschung. Wiesbaden 2005: VS Verlag für Sozialwissenschaften.

Gildemeister, Regine: Doing Gender: Soziale Praktiken der Geschlechterunterscheidung. In: Becker, Ruth/Kortendiek, Beate (Hrsg.): Handbuch Frauen- und Geschlechterforschung. Theorie, Methoden, Empirie. Wiesbaden 2004: VS Verlag für Sozialwissenschaften.

Goffman, Erving: Geschlecht und Werbung. Frankfurt am Main 1981: Suhrkamp.

Grundmann, Matthias: Sozialisation. Skizze einer allgemeinen Theorie. Konstanz 2006: UVK Verlagsgesellschaft.

Gumin, Heinz/Meier, Heinrich (Hrsg.): Einführung in den Konstruktivismus. München 2008.

Haase, Henning: Kinder, Medien, Werbung. Ein Literatur- und Forschungsbericht. Schriftenreihe Media-Perspektiven, 1. Frankfurt am Main 1981: Alfred Metzner Verlag.

Hagemann-White, Carol/Rerrich, Maria S. (Hrsg.): FrauenMännerBilder. Männer und Männlichkeit in der feministischen Diskussion. Bielefeld 1988: AJZ-Verlag.

Hagemann-White, Carol: Sozialisation: Weiblich-männlich? Opladen 1984: Leske + Budrich.

Hagemann-White, Carol: Wir werden nicht zweigeschlechtlich geboren... In: Hagemann-White, Carol/Rerrich, Maria S. (Hrsg.): FrauenMännerBilder. Männer und Männlichkeit in der feministischen Diskussion. Bielefeld 1988: AJZ-Verlag.

Heller, Eva: Wie Farben auf Gefühl und Verstand wirken. Farbpsychologie, Farbsymbolik, Lieblingsfarben, Farbgestaltung. München 2000: Droemer.

Hengst, Heinz: Zur Verselbstständigung der kommerziellen Kinderkultur. Televizion, Heft 2. 2002.

Hermanns, Arnold: Sozialisation durch Werbung. Sozialisationswirkung von Werbeaussagen in Massenmedien. Düsseldorf 1972: Bertelsmann Universitätsverlag.

Hickethier, Knut/Schneider, Irmela (Hrsg.): Fernsehtheorien. Dokumentation der GFF-Tagung 1990. Berlin 1992: Sigma.

Hoefer, Georg: Fernsehen für Kinder? Gewaltstrukturen und konservative Rollenbilder in den beliebtesten Kinderprogrammen. Aufsätze zu Film und Fernsehen. Bd. 7. Coppengrave 1995: Coppi-Verlag.

Holdenried, Ute: Kleiner König Kunde. In: Schmidt, Siegfried J./Spieß, Brigitte (Hrsg.): Werbung, Medien und Kultur. Opladen 1995: Westdeutscher Verlag.

Hollstein, Walter: Die Männer: vorwärts oder zurück? Stuttgart 1990: Deutsche Verlags-Anstalt.

Holtz-Bacha, Christina (Hrsg.): Stereotype? Frauen und Männer in der Werbung. Wiesbaden 2008: VS Verlag für Sozialwissenschaften.

Horstkemper, Marianne/Zimmermann, Peter (Hrsg.): Zwischen Dramatisierung und Individualisierung. Geschlechtstypische Sozialisation im Kindesalter. Opladen 1998: Leske + Budrich.

Keuneke, Susanne: „Ich sehe was, was du nicht siehst". Verbale Erfassung kindlicher Geschlechts(-re-)konstruktionen zu Bilderbuchangeboten. In: Paus-Haase, Ingrid/Schorb, Bernd (Hrsg.): Qualitative Kinder- und Jugend-Medienforschung. Theorie und Methoden: ein Arbeitsbuch. München 2000: KoPäd Verlag.

Kids Verbraucher-Analyse (KVA) 2008: Egmont Ehapa Verlag. Ergebnisse zur Akzeptanz von Werbung online verfügbar unter: http://www.ehapamedia.de/kidswerb/kidswerb_01.php?sub_navid=1&navid=5. Stand 11.12.08.

Kleiner, Marcus S.: Medien-Heterotopien. Diskursräume einer gesellschaftskritischen Medientheorie. Bielefeld 2006: Transcript Verlag.

Knoblauch, Hubert: Wissenssoziologie. Konstanz 2005: UVK.

Kommer, Sven: Kinder im Werbenetz. Eine qualitative Studie zum Werbeangebot und zum Werbeverhalten von Kindern. Opladen 1996: Leske + Budrich.

Korosides, Konstantin: Fernsehwerbung in Deutschland. Analyse unter Berücksichtigung politischer Debatten über Lebensmittelwerbung, minderjährige und prominente Darsteller. Baden-Baden 2008: Nomos Verlagsgesellschaft.

Korte, Helmut: Einführung in die Systematische Filmanalyse. Ein Arbeitsbuch. 3. Aufl. Berlin 2004: Erich Schmidt Verlag.

Kreutzer, Dietmar: Kauf mich: Männer in der Werbung. Berlin 1998: Verlag für Bauwesen.

Krohne, Stefan: It's a Men's World. In: Schmidt, Siegfried J./Spieß, Brigitte (Hrsg.): Werbung, Medien und Kultur. Opladen 1995: Westdeutscher Verlag.

Küchenhoff, Erich/Bossmann, Wilhelm: Die Darstellung der Frau und die Behandlung von Frauenfragen im Fernsehen. Eine empirische Untersuchung einer Forschungsgruppe der Universität Münster. Im Auftrag des Bundesministers für Jugend, Familie und Gesundheit. Stuttgart 1975: Kohlhammer.

Lamnek, Siegfried: Qualitative Sozialforschung. Lehrbuch. 4. Aufl. Weinheim/Basel 2005: Beltz.

Lange, Rainer/Didszuweit, Rainer J.: Kinder, Werbung und Konsum. Theoretische Grundlagen und didaktische Anregungen. Frankfurt am Main/Offenbach 1997: Jünger Verlag.

Lippmann, Walter: Die öffentliche Meinung. München 1964: Rütten & Loening.

Löw, Martina/Mathes, Bettina (Hrsg.): Schlüsselwerke der Geschlechterforschung. Wiesbaden 2005: VS Verlag für Sozialwissenschaften.

Luca, Renate (Hrsg.): Medien. Sozialisation. Geschlecht. Fallstudien aus der sozialwissenschaftlichen Forschungspraxis. München 2003: KoPäd Verlag.

Luhmann, Niklas: Die Realität der Massenmedien. Opladen 1995: Westdeutscher Verlag.

Mayer, Anna Elisabeth: Kinderwerbung - Werbekinder. Pädagogische Überlegungen zu Kindern als Zielgruppe und Stilmittel der Werbung. München 1998: KoPäd Verlag.

Mayring, Philipp/Gläser-Zikuda, Michaela: Die Praxis der Qualitativen Inhaltsanalyse. 2. Aufl. Weinheim/Basel 2008: Beltz.

Mayring, Philipp: Einführung in die qualitative Sozialforschung. Eine Anleitung zu qualitativem Denken. 5. Aufl. Weinheim/Basel 2002: Beltz.

Mayring, Philipp: Neuere Entwicklungen in der qualitativen Forschung und der qualitativen Inhaltsanalyse. In: Mayring, Philipp/Gläser-Zikuda, Michaela: Die Praxis der Qualitativen Inhaltsanalyse. 2. Aufl. Weinheim/Basel 2008a: Beltz.

Mayring, Philipp: Qualitative Inhaltsanalyse. Grundlagen und Techniken. 10. Aufl. Weinheim/Basel 2008b: Beltz.

Medienpädagogischer Forschungsverbund Südwest: Medienkompetenz und Medienpädagogik in einer sich wandelnden Welt. Werbung. 10 Antworten. Heft online verfügbar unter: http://www.mpfs.de/fileadmin/Infoset/Werbung-DownloadHP.pdf. Stand 13.11.2008.

Meister, Dorothee M./Sander, Uwe (Hrsg.): Kinderalltag und Werbung. Zwischen Manipulation und Faszination. Neuwied 1997: Luchterhand.

Merten, Klaus u. a. (Hrsg.): Die Wirklichkeit der Medien. Eine Einführung in die Kommunikationswissenschaft. Opladen 1994a: Westdeutscher Verlag.

Mikos, Lothar/Wegener, Claudia: Qualitative Medienforschung. Ein Handbuch. Konstanz 2005: UVK Verlagsgesellschaft.

Mogge-Grotjahn, Hildegard: Gender, Sex und Gender-Studies. Eine Einführung. Freiburg im Breisgau 2004: Lambertus.

Moser, Heinz: Medienrezeption und -aneignung im Kontext der Geschlechtersozialisation. In: Horstkemper, Marianne/Zimmermann, Peter (Hrsg.): Zwischen Dramatisierung und Individualisierung. Geschlechtstypische Sozialisation im Kindesalter. Opladen 1998: Leske + Budrich.

Nestvogel, Renate: Sozialisationstheorien: Traditionslinien, Debatten und Perspektiven. In: Becker, Ruth/Kortendiek, Beate (Hrsg.): Handbuch Frauen- und Geschlechterforschung. Theorie, Methoden, Empirie. Wiesbaden 2004: VS Verlag für Sozialwissenschaften.

Neumann-Braun, Klaus/Erichsen, Jens R.: Kommerzialisierte und medialisierte Kindheit – eine aktuelle Bestandsaufnahme. In: Charlton, Michael u. a.: Fernsehwerbung und Kinder. Das Werbeangebot in der Bundesrepublik Deutschland und seine Verarbeitung durch Kinder. Bd. 1 (Das Werbeangebot für Kinder im Fernsehen). Opladen 1995: Leske + Budrich.

Nickel, Volker i. A. d. Zentralverband. der deutschen Werbewirtschaft (Hrsg.): Deutscher Werberat Jahrbuch 2008. Berlin 2008: ZAW.

Paus-Haase, Ingrid/Schorb, Bernd (Hrsg.): Qualitative Kinder- und Jugend-Medienforschung. Theorie und Methoden: ein Arbeitsbuch. München 2000: KoPäd Verlag.

Pease, Allan und Barbara: Warum Männer nicht zuhören und Frauen schlecht einparken: Ganz natürliche Erklärungen für eigentlich unerklärliche Schwächen. Berlin 2000: Ullstein.

Pelzer, Anja: Aristoteles. Der Mann ist mehr – die Frau ist weniger. In: Schlicht, Corinna (Hrsg.): Geschlechterkonstruktionen. Frauen- und Männerbilder in Literatur und Film. Oberhausen 2004a: Verlag Karl Maria Laufen.

Pelzer, Anja: Die Geschichte des Patriarchats. In: Schlicht, Corinna (Hrsg.): Sexualität und Macht. Kultur-, literatur- und filmwissenschaftliche Betrachtungen. Oberhausen 2004b: Verlag Karl Maria Laufen.

Pelzer, Anja: Zwischen Tradition und Innovation – Frauen- und Männerbilder in der Werbung. In: Schlicht, Corinna (Hrsg.): Geschlechterkonstruktionen II. Literatur-, sprach- und kommunikationswissenschaftliche Analysen. Oberhausen 2008: Verlag Karl Maria Laufen.

Prengel, Annedore/Rendtorff, Barbara: Zur Einführung. Kinder und ihr Geschlecht – Vielschichtige Prozesse und punktuelle Erkenntnisse. In: Rendtorff, Barbara/Prengel, Annedore (Hrsg.): Jahrbuch Frauen- und Geschlechterforschung in der Erziehungswissenschaft. Kinder und ihr Geschlecht. Opladen, Farmington Hills 2008: Budrich.

Reich, Kersten u. a.: Medien und Konstruktivismus. Eine Einführung in die Simulation als Kommunikation. Münster 2005: Waxmann.

Reitze, Helmut (Hrsg.): Media Perspektiven. Dokumentation I 2008. Frankfurt am Main 2008.

Rendtorff, Barbara/Prengel, Annedore (Hrsg.): Jahrbuch Frauen- und Geschlechterforschung in der Erziehungswissenschaft. Kinder und ihr Geschlecht. Opladen, Farmington Hills 2008: Budrich.

Rendtorff, Barbara: Kindheit, Jugend und Geschlecht. Einführung in die Psychologie der Geschlechter. Weinheim 2003: Beltz.

Rivers, Carly/Barnett, Rosalind C.: The difference myth. In: Rendtorff, Barbara/Prengel, Annedore (Hrsg.): Jahrbuch Frauen- und Geschlechterforschung in der Erziehungswissenschaft. Kinder und ihr Geschlecht. Opladen, Farmington Hills 2008: Budrich.

Scheu, Ursula: Wir werden nicht als Mädchen geboren – wir werden dazu gemacht. Zur frühkindlichen Erziehung in unserer Gesellschaft. Frankfurt am Main 1977. Fischer Taschenbuchverlag.

Schierl, Thomas: Möglichkeiten und Grenzen der Steigerung von Effektivität und Effizienz der Fernsehwerbung. Habilitationsschrift. Gerhard-Mercator-Universität Duisburg 1999.

Schierl, Thomas: Werbung im Fernsehen. Eine medienökonomische Untersuchung zur Effektivität und Effizienz werblicher TV-Kommunikation. Köln 2003. Herbert von Halem Verlag.

Schlicht, Corinna (Hrsg.): Geschlechterkonstruktionen II. Literatur-, sprach- und kommunikationswissenschaftliche Analysen. Oberhausen 2008: Verlag Karl Maria Laufen.

Schlicht, Corinna (Hrsg.): Geschlechterkonstruktionen. Frauen- und Männerbilder in Literatur und Film. Oberhausen 2004a.: Verlag Karl Maria Laufen.

Schlicht, Corinna (Hrsg.): Sexualität und Macht. Kultur-, literatur- und filmwissenschaftliche Betrachtungen. Oberhausen 2004b: Verlag Karl Maria Laufen.

Schmerl, Christiane (Hrsg.): Frauenzoo der Werbung. Aufklärung über Fabeltiere. München 1992: Verlag Frauenoffensive.

Schmerl, Christiane: Das Frauen- und Mädchenbild in den Medien. Opladen 1984: Leske+Budrich.

Schmerl, Christiane: Frauenfeindliche Werbung. Sexismus als heimlicher Lehrplan. Reinbek bei Hamburg 1987: Rowohlt.

Schmidt, Siegfried J. u. a. (Hrsg.): a(e)ffektive Kommunikation: Unterhaltung und Werbung. Beiträge zur Kommunikationstheorie; 19. Münster 2001: Lit-Verlag.

Schmidt, Siegfried J./Spieß, Brigitte (Hrsg.): Werbung, Medien und Kultur. Opladen 1995: Westdeutscher Verlag.

Schmidt, Siegfried J./Spieß, Brigitte: Geschichte der Fernsehwerbung. In: Erlinger, Dieter/Foltin, Hans-Friedrich (Hrsg.): Unterhaltung, Werbung und Zielgruppenprogramme. (Geschichte des Fernsehens in der Bundesrepublik Deutschland. Bd. 4). München 1994: Fink.

Schmidt, Siegfried J./Zurstiege, Guido: Ganz schön stark! Geschlechterklischees in der Werbung. In: Schmidt, Siegfried J. u. a. (Hrsg.): a(e)ffektive Kommunikation: Unterhaltung und Werbung. Beiträge zur Kommunikationstheorie; 19. Münster 2001: Lit-Verlag.

Schmidt, Siegfried J.: Die Wirklichkeit des Beobachters. In: Merten, Klaus u. a. (Hrsg.): Die Wirklichkeit der Medien. Eine Einführung in die Kommunikationswissenschaft. Opladen 1994a: Westdeutscher Verlag.

Schmidt, Siegfried J.: Konstruktivismus in der Medienforschung. Konzepte. Kritiken, Konsequenzen. In: Merten, Klaus u. a. (Hrsg.): Die Wirklichkeit der Medien. Eine Einführung in die Kommunikationswissenschaft. Opladen 1994b: Westdeutscher Verlag.

Schmidt, Siegfried J.: Kulturelle Wirklichkeiten. In: Schmidt, Siegfried J./Spieß, Brigitte (Hrsg.): Werbung, Medien und Kultur. Opladen 1995a: Westdeutscher Verlag.

Schmidt, Siegfried J.: Werbung oder die ersehnte Verführung. In: Willems, Herbert (Hrsg.): Die Gesellschaft der Werbung. Kontexte und Texte. Produktionen und Rezeptionen. Entwicklungen und Perspektiven. Wiesbaden 2002: Westdeutscher Verlag.

Schmidt, Siegfried J.: Werbung zwischen Wirtschaft und Kunst. In: Schmidt, Siegfried J./Spieß, Brigitte (Hrsg.): Werbung, Medien und Kultur. Opladen 1995b: Westdeutscher Verlag.

Schulz, Winfried: Die Konstruktion von Realität in den Nachrichtenmedien. Analyse der aktuellen Berichterstattung. Freiburg/München 1976: Verlag Karl Alber.

Spieß, Brigitte: Weiblichkeitsklischees in der Fernsehwerbung. In: Merten, Klaus u. a. (Hrsg.): Die Wirklichkeit der Medien. Eine Einführung in die Kommunikationswissenschaft. Opladen 1994: Westdeutscher Verlag.

Ungleich Besser Diversity Consulting: Studie Gendermarketing. Durchführung und Ergebnisse. Kurzfassung. Köln 2007.

Veith, Hermann: Sozialisationsforschung. Im Familienhandbuch des Staatsinstituts für Frühpädagogik (IFP). Online verfügbar unter: http://www.familienhandbuch.de/cms/Kindheitsforschung-Sozialisationsforschung.pdf. Stand 6.12.2008.

Wagner, Hauke: Möglichkeiten der Werbespots im Fernsehen und im Internet. Wie Ihr Kind durch Fernsehen und Fernsehwerbung beeinflusst wird. Gelnhausen 2002: Wagner Verlag.

Wetterer, Angelika: Konstruktion von Geschlecht: Reproduktionsweisen der Zweigeschlechtlichkeit. In: Becker, Ruth/Kortendiek, Beate (Hrsg.): Handbuch Frauen- und Geschlechterforschung. Theorie, Methoden, Empirie. Wiesbaden 2004: VS Verlag für Sozialwissenschaften.

Willems, Herbert (Hrsg.): Die Gesellschaft der Werbung. Kontexte und Texte. Produktionen und Rezeptionen. Entwicklungen und Perspektiven. Wiesbaden 2002: Westdeutscher Verlag.

Woelke, Jens: Durch Rezeption zur Werbung. Kommunikative Abgrenzung von Fernsehgattungen. Köln 2004: Herbert von Halem Verlag.

ZAW (Zentralverband der deutschen Werbewirtschaft): Werbung in Deutschland 2008. Berlin 2008: Verlag edition ZAW.

Zurstiege Guido: Die Gesellschaft der Werbung – was wir beobachten, wenn wir die Werbung beobachten, wie sie die Gesellschaft beobachtet. In: Willems, Herbert (Hrsg.): Die Gesellschaft der Werbung. Kontexte und Texte. Produktionen und Rezeptionen. Entwicklungen und Perspektiven. Wiesbaden 2002: Westdeutscher Verlag.

Zurstiege, Guido: Fit und flott – und ein wenig sexy in schwarz-weiß: Die strukturelle Ambivalenz werblicher Medienangebote. In: Holtz-Bacha, Christina (Hrsg.): Stereotype? Frauen und Männer in der Werbung. Wiesbaden 2008: VS Verlag für Sozialwissenschaften.

Zurstiege, Guido: Mannsbilder – Männlichkeit in der Werbung. Eine Untersuchung zur Darstellung von Männern in der Anzeigenwerbung der 50er, 70er und 90er Jahre. Opladen 1998: Westdeutscher Verlag.

Zurstiege, Guido: Werbung. In: Bentele, Günter/Brosius, Hans-Bernd/Jarren, Otfried (Hrsg.): Lexikon Kommunikations- und Medienwissenschaft. Wiesbaden 2006: VS Verlag für Sozialwissenschaften.

Zurstiege, Guido: Zwischen Kritik und Faszination. Was wir beobachten, wenn wir die Werbung beobachten, wie sie die Gesellschaft beobachtet. Köln 2005: Herbert von Halem Verlag.